Birgit Eckhoff

Weihnachten und so

Kulinarisch und kreativ
durch die besinnliche Zeit

Alle Jahre wieder freuen sich primär Kinder auf die Adventszeit. Leider ist einigen großen Menschenkindern der Zauber dieser Zeit verloren gegangen. Machen wir uns gemeinsam auf die Suche und begleiten Sie mich auf eine Vorweihnachtliche Schlemmer - und Sinnesreise. In diesem Buch: „Weihnachten und so" finden Sie Rezepte für leckere Plätzchen, Pralinen oder kleine Geschenke aus der Küche - gepaart von besinnlichen Zitaten, kleinen Geschichten und weiteren kreativen Ideen.

Herzlichst Birgit Eckhoff

Alle hier aufgeführten Rezeptideen und Anleitungen wurden von mir ausprobiert. Eine Garantie kann ich jedoch nicht übernehmen. Ebenso ist die Haftung von mir und dem Verlag für Personen - Sach - und Vermögensschäden ausgeschlossen. Alle Markennamen, Warenzeichen und sonstigen eingetragenen Trademarks sind Eigentum ihrer rechtmäßigen Eigentümer und dienen hier nur der Beschreibung. Machen wir uns auf, in eine hoffentlich freudige und besinnliche Adventszeit.

Für meine Söhne Mick und Ole

„Die Lieben ihres Lebens bringt eine Frau
selbst auf die Welt."

(Birgit Eckhoff)

Bibliografische Information der Deutschen Nationalbibliothek. Die Deutsche Nationalbibliothek verzeichnet diese Publikation in der Deutschen Nationalbibliografie; detaillierte bibliografische Daten sind im Internet über http://dnb.de abrufbar.

Copyright © November 2015 - Birgit Eckhoff
Herstellung und Verlag: BoD-Books on Demand, Norderstedt

www.bod.de

ISBN: 978-3-7386-4527-9

INHALTSVERZEICHNIS KULINARISCH

INHALTSVERZEICHNIS KREATIV

INHALTSVERZEICHNIS BESINNLICH

Curry - Nüsse

300 Gramm Erdnüsse, ungeröstet
200 Gramm Cashewkerne
1 Chilischote
2 Esslöffel Honig
1 Esslöffel Öl
2 Esslöffel Currypulver
1 Esslöffel Paprikapulver
Salz
Zucker

Zubereitung:

Erdnüsse und Cashewkerne in einer Schüssel mit Chili, Honig, Öl, Currypulver und Paprikapulver mischen. Auf einem mit Backpapier ausgelegten Backblech verteilen und im vorgeheizten Ofen bei 200 Grad unter häufigem Wenden 7 Minuten rösten. Nüsse herausnehmen und noch heiß nach Geschmack mit Salz und etwas Zucker bestreuen, mischen und abgekühlt servieren.

„Wir müssen alle harte Nüsse knacken, der eine heut, der andre morgen, das ist der ganze Unterschied."

(Theodor Fontane)

„Die Geburt Jesu in Bethlehem ist keine
einmalige Geschichte, sondern
ein Geschenk, das ewig bleibt."

(Martin Luther)

Spekulatius - Brezeln

Zutaten für 50 Portionen:

100 Gramm gemahlene Mandeln
125 Gramm weiche Butter
90 Gramm brauner Zucker
1 Prise Salz
1 Eigelb
1 Teelöffel Kardamom
1 Teelöffel Zimt
0,5 Teelöffel Nelken
0,5 Teelöffel Muskat
100 Gramm Mehl
1 Blätterteig
1 Eiweiß
100 Gramm Zucker

Zubereitung:

Mandeln in einer Pfanne ohne Fett goldbraun rösten. Abkühlen lassen. Butter, brauner Zucker und Salz mit einem Handrührgerät cremig rühren. Eigelb zugeben und glattrühren. Gewürze, Mehl und Mandeln mischen und kurz unterkneten. Teig mindestens eine Stunde kalt stellen. Spekulatiusteig rechteckig ausrollen. Den Blätterteig quer halbieren. Eine Hälfte dünn mit etwas Eiweiß bepinseln. Spekulatiusteig passgenau auf den Blätterteig legen, mit Eiweiß bepinseln und mit der zweiten Blätterteighälfte belegen. Teigplatte in Frischhaltefolie wickeln und 30 Minuten kalt stellen. Den gekühlten Teig ausrollen und aus dem Teig fingerdicke Streifen schneiden. Teigstreifen wie eine Kordel eindrehen und zu Brezeln formen. Zucker auf einen flachen Teller streuen und die Brezeln von beiden Seiten darin wälzen. Auf ein mit Backpapier ausgelegtes Backblech legen und im Backofen bei 200 Grad auf der zweiten Schiene von unten in 15 Minuten goldbraun und knusprig backen. Abkühlen lassen und genießen. Luftdicht in einer Dose, zwischen Lagen von Backpapier aufbewahrt, sind die Spekulatius - Brezeln mehrere Wochen haltbar.

„Komm', schau her Jungfrau Kind,
dann siehst du in der Wiegen
den Himmel und die Erd'
und hundert Welten liegen."

(Angelus Silesius)

Für Dich!

Pesto alla Genovese

Zutaten für 2 Gläser:

120 Gramm Pinienkerne
100 Gramm alter Parmesan
100 Gramm Pecorino
8 Knoblauchzehen
viel frisches Basilikum
0,3 Liter Olivenöl
plus Olivenöl zum Auffüllen

Zubereitung:

Pinienkerne auf einem Blech im vorgeheizten Backofen bei 160 Grad auf der zweiten Schiene von unten 10 Minuten goldbraun rösten. Auf einem Teller abkühlen lassen. Beide Käsesorten reiben. Knoblauch hacken. Basilikumblätter abzupfen, waschen und trocknen. Käse, Knoblauch, Basilikum und Pinienkerne im hohen Becher eines Blitzhackers fein zerkleinern. Anschließend Olivenöl unterrühren. Pesto mit einem Einfülltrichter bis fingerbreit unter den Rand in saubere und wieder verschließbare Gläser füllen. Bis zum Rand mit Öl auffüllen und verschließen.

Blutorangen - Chutney

Zutaten für 2 Gläser:

125 Gramm rote Zwiebeln
6 Blutorangen
40 Gramm frischer Ingwer
2 rote Chilischoten
125 Gramm Zucker
0,125 Liter Weißweinessig
1 Esslöffel Speisestärke

Zubereitung:

Zwiebeln fein würfeln. Orangen schälen, dabei die weiße Haut entfernen, die Filets aus den Trennhäuten lösen und beiseite stellen. Trennhäute ausdrücken, den Saft auffangen. Ingwer schälen und fein reiben. Chilischoten entkernen, waschen und sehr fein schneiden. Zucker in einer Pfanne hellbraun karamellisieren. Zwiebeln, Ingwer und Chili untermischen und sofort mit Essig und Orangensaft ablöschen. 7 Minuten köcheln lassen. Orangenfilets unterheben und kurz weiter kochen. Speisestärke in etwas kaltem Wasser anrühren, in die kochende Masse geben und einmal aufkochen lassen. Chutney in Einmachgläser füllen und fest verschließen. Gläser umdrehen und Chutney erkalten lassen. Etiketten von Seite 12 und 14 kopieren und auf die jeweiligen Gläser kleben.

Pesto oder Chutney

Chutney von „Chatni" und bedeutet „zum Lecken". Chutneys kommen aus Indien und sind dickflüssige Saucen aus Obst oder Gemüse. Bei uns werden sie als vielseitige Beilage zu Fleisch, Fisch und Geflügel oder zu Fondue gegessen. Putengeschnetzeltes und Bratenfond mit Mango Birnen Chutney verrührt ergibt eine leckere Sauce. Zur Entenbrust Blutorangen Chutney in die Brühe geben. Zu Kassler passt Birnen Thymian Chutney und Wildmedaillons schmecken prima mit einem Heidelbeeren Chutney.

Der Begriff Pesto wird vom italienischen „pestare" abgeleitet, was so viel bedeutet wie zerstampfen. Der Name ist hier Programm, schließlich werden bei der italienischen Kräuter Sauce alle Zutaten im Mixer oder mit dem Pürierstab so fein zerkleinert bis eine sämige Paste entstanden ist. Das klassische Pesto stammt aus der italienischen Stadt Genua, von der es auch seinen Namen bekommen hat: Pesto genovese. Seine herrlich grüne Farbe erhält es durch das Basilikum.

Heiße Schokolade am Stiel

Zutaten für 20 Portionen:

2 Kardamonkapseln
1 Zimtstange
1 Vanilleschote
60 Gramm Zucker
1 Becher Sahne
300 Gramm Zartbitter Kuvertüre
100 Gramm Puderzucker
20 Holzstäbchen

Zubereitung:

Kardamomkapseln zerdrücken. Zimtstange durchbrechen. Vanilleschote längs halbieren und das Mark herauskratzen. Zucker in einem Topf hellbraun karamellisieren. Kardamom, Zimt, Vanilleschote und Vanillemark zugeben. Sahne zugießen und bei milder Hitze leise kochen, bis sich der Zucker gelöst hat. Topf zugedeckt beiseite stellen und die Gewürze in der Sahne eine Stunde ziehen lassen. Kuvertüre fein hacken, in eine Schüssel geben und im warmen Wasserbad schmelzen. Gewürzte Sahne wieder erwärmen und durch ein Sieb in die Kuvertüre gießen. Die Masse mit einem Schneebesen verrühren, abdecken und zirka 40 Minuten kalt stellen, dabei mehrmals umrühren. Schokoladenmasse mit einem Esslöffel so lange rühren, bis sie etwas fester und heller wird. Masse in einen Spritzbeutel mit großer Lochtülle füllen. Den Puderzucker auf ein mit Backpapier belegtes Blech sieben und etwa 20 dicke Tupfen darauf spritzen.

Tupfen auf dem Puderzucker zu kleinen Bällchen rollen und ein Holzstäbchen hineinstecken. Masse kann auch ohne Puderzucker in Eiswürfelformen gefüllt werden. Schoko-Kugeln 30 Minuten kalt stellen. In einer geschlossenen Dose halten die Kugeln im Kühlschrank mehrere Wochen. Zum Trinken 1 oder 2 Kugeln in einem Becher mit heißer Milch schmelzen. Zum verschenken: Erkaltete Schoko-Kugeln in kleine Tütchen füllen, Vorlage ausschneiden, lochen und mit Schleifenband die Tütchen verschließen. Nettes Mitbringsel.

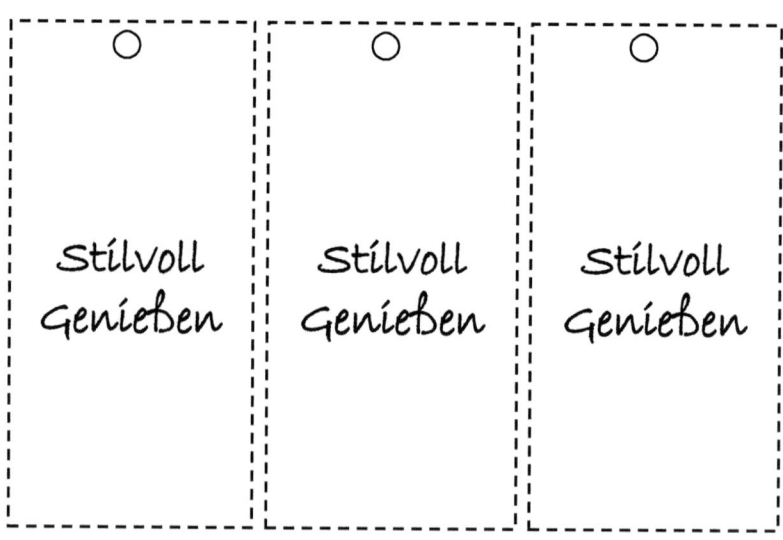

Weihnachtliche Orangen - Marmelade

Zutaten für 3 Gläser:

4 Orangen
0,6 Liter Orangensaft
500 Gramm Rohrohrzucker
1 Packung Gelierfix 2:1
0,5 Teelöffel Ingwer, gemahlen
0,5 Teelöffel Kardamom, gemahlen

Zubereitung:

Orangenschale dünn abschälen und in Streifen schneiden. Orangen-Fruchtfleisch in Stücke schneiden, mit dem Orangensaft und den Schalenstreifen mischen und erhitzen. Zucker, Gelierfix und Gewürze mischen und zu dem Orangensaft geben. Unter gelegentlichem Rühren etwa 10 Minuten köcheln lassen. Versuchsweise 1 Teelöffel Marmelade auf einen Teller geben - wird sie nicht fest, noch etwas weiter köcheln. Die Marmelade heiß in ausgekochte, verschließbare Gläser füllen, fest verschließen und auf den Kopf stellen.

Mit Liebe
gemacht

Rosmarin - Gewürz - Öl

Zutaten für zirka 1 Liter:

12 Zweige Rosmarin
4 Esslöffel grobes Meersalz
2 Teelöffel schwarze Pfefferkörner
2 Teelöffel weiße Pfefferkörner
1 Liter kaltgepresstes Olivenöl

Zubereitung:

Rosmarin waschen und trockentupfen. Auf einem Blech verteilen und im Ofen bei 100 Grad für 10 Minuten trocknen. Abkühlen lassen und in zwei saubere, sterilisierte, trockene Flaschen (0,5 Liter Inhalt) je 2 Esslöffel grobes Meersalz, 1 Teelöffel schwarze und weiße Pfefferkörner geben. Rosmarin in die Gefäße verteilen und mit Olivenöl auffüllen, sodass der Rosmarin vollständig bedeckt ist. Gläser verschließen und an einem dunklen, kühlen Ort mindestens 2 Wochen ziehen lassen. Dieses Rosmarinöl schmeckt besonders würzig und ist flink zubereitet. Rosmarin-Gewürz-Öl ist toll zum Verfeinern von Salaten, Gemüsegerichten oder auch für den Weihnachtsbraten! Besonders aromatisch schmeckt das Öl, wenn es einige Wochen durchzieht.

Kräuterbutter

Zutaten für 1 Rolle:

4 Esslöffel Schnittlauch
3 Esslöffel Petersilie
1 Esslöffel Basilikum
1 Teelöffel Thymian
2 Teelöffel Majoran
4 Schalotten, fein gewürfelt
1 Knoblauchzehe, zerdrückt
1 Teelöffel Zitronensaft, plus etwas Abrieb
1 Teelöffel Orangensaft, plus etwas Abrieb
250 Gramm Butter, weich
Salz/ Pfeffer

Zubereitung:

Kräuter waschen, trockentupfen und fein hacken. Die weiche Butter mit einem Schneebesen glatt rühren. Schalotten, Knoblauch, Zitrone, Orange, Meersalz und Pfeffer einrühren, die Kräuter dazugeben und vorsichtig umrühren, damit die Butter durch den Kräutersaft nicht zu grün wird. Die Kräuterbutter etwas fest werden lassen, auf Pergamentpapier oder Klarsichtfolie geben, zu einer Rolle formen und kühl stellen. Kräuterbutter lässt sich gut vorbereiten und ist abgedeckt im Kühlschrank mehrere Tage haltbar. Auch als Geschenk eignet sich Kräuterbutter wunderbar. Die Butter dafür in Packpapier rollen und die Enden mit Band verschließen. Mit Etikett versehen wird die Kräuterbutter zum Hingucker.

Selbstgemachtes Ketchup

Zutaten für 2 Flaschen:

1500 Gramm reife, rote Tomaten
2 Knoblauchzehen
2 große Zwiebeln
2 Esslöffel Öl
1 Esslöffel Tomatenmark
125 Gramm Zucker
1 Teelöffel Senfpulver
0,1 Liter Rotweinessig
Basilikum
Chili, optional
Salz/ Pfeffer

Zubereitung:

Tomaten waschen, putzen und würfeln. Knoblauch und Zwiebeln schälen und fein würfeln. Öl in einem Topf erhitzen. Zwiebeln und Knoblauch darin glasig andünsten. Tomatenmark, Tomatenwürfel, Zucker und Senf einrühren und einige Minuten andünsten. Essig einrühren. Ketchup mit Salz und Pfeffer würzen und zugedeckt 40 Minuten köcheln. Ketchup pürieren und durch ein Sieb streichen. Ketchup nochmals aufkochen und mit Basilikum abschmecken. Ketchup in sterilisierte Flaschen füllen und verschließen. Wer es schärfer mag gibt noch etwas kleingeschnittene Chili dazu.

Feigensenf

Zutaten für 3 Gläser:

4 frische Feigen oder
alternativ 200 Gramm getrocknete Feigen
0,25 Liter Apfelsaft
3 Esslöffel helle Senfkörner
20 Gramm frischer Ingwer
1 Teelöffel Gelierfix 2 : 1
2 Esslöffel Zucker
2 Esslöffel Balsamico Essig
6 Esslöffel scharfes Senfpulver
50 Gramm Dijon-Senf
Salz/ Pfeffer

Zubereitung:

Falls keine frischen Feigen erhältlich sind, alternativ getrocknete Feigen nehmen. Getrocknete Feigen sollten etwa 5 Stunden in warmem Wasser eingeweicht werden. Feigen schälen, in grobe Stücke schneiden und pürieren. Senfkörner mit heißem Wasser bedecken und ebenfalls bis zum Gebrauch einweichen. Senfkörner in einem Sieb abtropfen. Die Feigen im Topf mit dem Mixstab pürieren. Ingwer schälen und fein reiben. Gelierfix mit dem Zucker mischen und mit Essig, Ingwer, Senfpulver, Dijon-Senf und Senfkörnern unter die Feigenmasse rühren. Mit Salz und Pfeffer würzen. Feigenmasse bei starker Hitze unter Rühren aufkochen und einige Minuten köcheln lassen. Feigensenf sofort in saubere Gläser füllen und verschließen.

Von wegen „Feige"

Feigen stammen aus dem Orient und tauchen seit Jahrtausenden in verschiedenen Kulturkreisen auf. In der Bibel ist der Feigenbaum der erste erwähnte Obstbaum und manche Glaubensgemeinschaften gehen davon aus, dass die Feige auch die verbotene Frucht im Garten Eden war. Desweiteren erzählt die Bibel vom Feigenbaum, den Jesus von Nazareth vertrocknen ließ. Im Ägypten der Pharaonen waren sie ein Heilmittel. Buddha hat die Erleuchtung unter einem Feigenbaum erlangt und die berühmte römische Wölfin soll Romulus und Remus darunter gesäugt haben. Auch im Alltag spielen Feigen oftmals eine bedeutende Rolle, im negativen wie auch im positiven Sinne. Einige Frauen in Afrika reiben sich mit dem Mark des Feigenbaumes ein, wenn sie schwanger werden wollen. In Bolivien sollen Geister auf der Suche nach Seelen in den Kronen der Feigenbäume leben. Das Durchlaufen der Feigenbäume oder sie gar zu fällen, soll angeblich Krankheiten auslösen.

„Leg dich unter einen Feigenbaum,
vielleicht findest du einen Zaubertraum."

(Birgit Eckhoff)

Feigensenf macht eine Käsestulle zur echten Delikatesse

Knusprige Apfelchips sind eine gesunde Alternative zu Kartoffelchips!

Apfelchips

Zutaten für 2 Bleche Apfelchips:

3 bis 4 Äpfel
Saft von einer Zitrone
Zimt/Zucker

Zubereitung:

Äpfel waschen und das Kerngehäuse herausschneiden. Äpfel in feine Scheiben schneiden und sofort mit Zitronensaft begießen. Ein Backblech mit Backpapier auslegen und leicht einölen. Die Apfelscheiben abtropfen lassen und auf dem Backpapier verteilen. Apfelchips im Backofen bei 80 Grad für etwa 3 Stunden trocknen. Dazu klemmt man einen Kochlöffelstil in die Backofentür, so dass die Tür nicht ganz geschlossen ist. Die Apfelscheiben nach 1,5 Stunden einmal wenden. Die ausgekühlten Apfelchips nach Geschmack mit einer Zimt-Zucker-Mischung bestreuen. Apfelchips lassen sich gut in einer Blechdose aufbewahren. Sollten die Apfelchips weich werden kann man sie im Backofen bei niedriger Temperatur nochmals nachtrocknen. In Cellophan verpackt ideal auch zum verschenken!

Mit Liebe gemacht

Zitronen - Ingwer - Likör

Zutaten für 4 Flaschen:

80 Gramm frischer Ingwer
2 unbehandelte Zitronen
200 Gramm Zucker
0,4 Liter Wodka

Zubereitung:

Ingwer dünn schälen und in feine Scheiben schneiden. Zitronen waschen, trocknen und die Schale so dünn abschälen, dass nichts Weißes daran ist. Die Zitronen auspressen und 0,1 Liter Saft zusammen mit 0,2 Liter Wasser, Zucker, Zitronenschale und Ingwer in einem Topf aufkochen. 10 Minuten bei mittlerer Hitze leise kochen. Abkühlen lassen, den Wodka zugießen und auf 4 saubere Flaschen (0,25 Liter Inhalt) verteilen. Verschließen und 2 Wochen ziehen lassen.

„Es ist ein Brauch von Alters her:
Wer Sorgen hat, hat auch Likör.
Doch wer zufrieden und vergnügt,
sieht zu, dass er auch welchen kriegt."

(Wilhelm Busch)

Marzipankartoffeln

Zutaten für 25 Stück:

200 Gramm Marzipanrohmasse
150 Gramm Puderzucker
Kakaopulver

Zubereitung:

Die Herstellung eigener Marzipankartoffeln ist nicht nur einfach sondern auch kostengünstig. Man benötigt für die kleinen weihnachtlichen Süßigkeiten nur wenige Zutaten und kann seiner Phantasie freien Lauf lassen. Marzipanrohmasse mit dem Puderzucker verkneten bis die Masse weich und der Puderzucker nicht mehr sichtbar ist. Aus der Marzipanmasse kleine Kugeln formen und sie in einer Schüssel mit dem Kakaopulver schwenken bis kein Marzipan mehr sichtbar ist.

*„Fröhlich soll mein Herze springen
dieser Zeit, da vor Freud alle Engel singen."*

(Paul Gerhardt)

Schneebälle

Zutaten für 25 Stück:

3 Eier
100 Gramm Zucker
100 Gramm Mehl
200 Gramm Sahne
1 Päckchen Sahnesteif
200 Gramm Magerquark
1 Esslöffel Puderzucker
1 Päckchen Vanillezucker
75 Gramm Kokosraspel
25 Papiermuffinförmchen

Zubereitung:

Backofen auf 175 Grad vorheizen. Ein Backblech mit Backpapier belegen. Eier und Zucker mit dem Handrührgerät in 3 Minuten hell aufschlagen. Mehl zugeben und unterheben. Den Teig auf dem Blech verstreichen und im Ofen in zirka 15 Minuten goldgelb backen. Herausnehmen und etwa 30 Minuten auskühlen lassen. Für die Creme die Sahne mit Sahnesteif steif schlagen. Quark, Puderzucker und Vanillezucker verrühren und die Schlagsahne unterheben. Den Kuchen in kleine Stücke zupfen und zur Creme geben. Alles gut vermischen. Von der Masse mit einem Esslöffel 25 Portionen abstechen und rund formen. Die Bällchen in Kokosraspeln wälzen und in Papierförmchen setzen. Bis zum Servieren kühl stellen.

Glühweinsirup

Zutaten für 1 Liter:

2 Vanilleschote
0,25 Liter gewürzter Glühwein
0,4 Liter frisch gepresster Orangensaft
1000 Gramm Zucker

Zubereitung:

Vanilleschote längs halbieren und das Mark mit dem Messerrücken herauskratzen. Vanilleschote - und Mark, gewürzten Glühwein, frisch gepressten Orangensaft und Zucker in einem breiten Topf verrühren. Glühwein aufkochen und bei starker Hitze unter gelegentlichem Rühren sirupartig einkochen, danach abkühlen lassen. Vanilleschote entfernen und den Sirup in eine saubere Flasche füllen und verschließen. Tipp: Einen Teelöffel Glühweinsirup in ein Sektglas füllen und mit trockenem Sekt aufgießen. Glühweinsirup schmeckt auch zu Vanillepudding oder Eis.

Bratapfel - Marmelade

Zutaten für 5 Gläser:

1000 Gramm Äpfel
500 Gramm Gelierzucker 1:2
100 Gramm Marzipanrohmasse
Zimt
1/2 Päckchen Zitronensäure
1 Schnapsglas Amaretto (optional)

Zubereitung:

Äpfel schälen und in kleine Würfel schneiden. Eine Hälfte der Äpfel in eine hitzebeständige Schüssel geben und bei 180 Grad im Backofen backen, bis die oberen Stückchen eine schöne Bräune angenommen haben. Die andere Hälfte mit etwa einem halben Glas Wasser und dem Gelierzucker, sowie der Zitronensäure in einem hohen Topf (es könnte spritzen!) zum Kochen bringen. Die gebackenen Apfelwürfel und die Marzipanmasse mit einem Stabmixer pürieren und ebenfalls in den Topf geben. Die Marmelade 5 Minuten sprudelnd kochen lassen und dabei ständig umrühren, damit nichts anbrennt. Danach mit Zimt und Amaretto (optional) abschmecken. Gläser auskochen, Marmelade einfüllen und die Gläser fest verschrauben.

Bratapfel - Marmelade

Hunde - Käse - Kekse

Zutaten für 1 Blech:

200 g Mehl
2 Eier
200 g Käse, gerieben
Petersilie

Zubereitung:

Unsere vierbeinigen Freunde haben eine Menge Elan, Appetit und bereichern mit ihrer Treue viele Menschen oder ganze Familien. Legen wir also auch unserem flauschigen Kumpel ein Geschenk unter den Weihnachtsbaum. Alle Zutaten mit den Knethaken des Mixers zu einem geschmeidigen Teig verarbeiten. Den Teig einen halben Zentimeter dick ausrollen, Kekse ausstechen, bei 190 Grad für 30 Minuten backen und auskühlen lassen.

„Manchmal braucht man die Hand eines Menschen - bekommt aber eine Pfote gereicht."

(Birgit Eckhoff)

Für:

Karamellbonbons mit Pinienkernen

Zutaten für 30 Stück:

40 Gramm Pinienkerne
2 Esslöffel Olivenöl
280 Gramm Zucker
2 Esslöffel Honig
40 Gramm Butter
60 Gramm Schlagsahne
Öl

Zubereitung:

Pinienkerne in 1 Esslöffel Olivenöl unter Rühren in einer Pfanne goldbraun rösten und auf einem Küchenkrepp auskühlen lassen. Eine kleine Auflaufform mit dem restlichen Öl dünn auspinseln und den Boden mit Backpapier auslegen. Etwas Zucker in einem Topf bei mittlerer Hitze hellbraun karamellisieren, dabei mit einem Holzlöffel langsam rühren. Nach und nach den restlichen Zucker zugeben und schmelzen lassen bis sich die Kristalle gelöst haben. Topf vom Herd nehmen. Honig und Butter unterrühren, Sahne langsam zugießen und rühren bis sie sich mit dem Karamell verbunden haben. Pinienkerne unterrühren. Heißen Karamell in die Auflaufform gießen und vollständig auskühlen lassen. Mit einem schweren geölten Messer aus der Form lösen und auf ein Backpapier stürzen. In kleine Quadrate schneiden und wie Bonbons in Cellophan verpacken.

Orangenplätzchen

Zutaten für 2 Bleche:

125 Gramm Butter
125 Gramm Zucker
1 unbehandelte Orange
4 Esslöffel Orangenlikör
1 Prise Salz
2 Eier
275 Gramm Mehl
Puderzucker
Orangensaft

Zubereitung:

Die Hälfte der Orangenschale mit einem Sparschäler abschälen und den Rest der Schale fein reiben. Orangensaft auspressen und für Glasur beiseite stellen. Butter schaumig rühren. Zucker, geriebene Orangenschale, Likör, Salz und Eier zugeben. Alles zu einer dicken Masse schlagen und das Mehl unterheben. Aus dem Teig mit 2 Teelöffeln kleine Häufchen auf ein gefettetes Backblech setzen. Abstand lassen. Orangenschalenstreifen in einer Ecke mit aufs Backblech legen. Plätzchen im Backofen etwa 12 Minuten bei 200 Grad goldgelb backen, auskühlen und vom Backblech lösen. Für den Guss die abgekühlten Orangenschalen sehr fein zerkleinern. Den Puderzucker mit etwas von dem Orangensaft zu einem festen Guss verrühren. Jedes Plätzchen mit einem kleinen Tupfer verzieren, mit der zerkleinerten Schale bestreuen und trocknen lassen.

Lebkuchen

Zutaten für 25 Stück:

3 Eier
250 Gramm gemahlene Mandeln
250 Gramm Zucker
1 Päckchen Vanillezucker
70 Gramm gemahlene Haselnüsse
etwas Nelkenpulver
1 Esslöffel Zimt
50 Gramm Orangeat
50 Gramm Zitronat
Oblaten
Zartbitterkuvertüre oder Zuckerguss zum Bestreichen

Zubereitung:

Alle Zutaten in eine Schüssel geben und miteinander vermengen. Die Masse auf die Oblaten verteilen. Dafür kleine Bällchen mit der Hand formen, auf die Oblate setzen und flach drücken. Die Höhe sollte dabei gut einen Zentimeter betragen. Lebkuchen auf ein mit Backpapier ausgelegtes Backblech legen. Dabei immer etwas Platz lassen, weil die Lebkuchen beim Backen leicht aufgehen. Die Lebkuchen im Backofen bei 180 Grad etwa 20 Minuten backen.

Bratapfel - Likör

Zutaten für 1 Flasche:

4 Äpfel
2 Esslöffel Zucker
200 Gramm Kandis
1 Vanilleschote
1/2 Orange
1/2 Zitrone
2 Zimtstangen
2 Sternanise
3 Nelken
0,7 Liter Korn

Zubereitung:

Backofen auf 200 Grad vorheizen. Äpfel waschen, Kerngehäuse mit einem Kerngehäuseausstecher aushöhlen, dabei die Äpfel nicht ganz durchbohren. Den Zucker in die Aushöhlungen streuen. Äpfel mit den Öffnungen nach oben in eine hitzebeständige Form setzen. Im Ofen 15 Minuten garen, bis sie Risse bekommen, aber noch nicht aufplatzen. Aus dem Ofen nehmen und auskühlen lassen. Den Kandis in ein großes, weites, verschließbares Glas geben. Vanilleschote längs aufschneiden und das Mark herauskratzen. Orange und Zitrone heiß waschen und die Schalen hauchdünn abschälen. Vanilleschote - und Mark, Zitronenschalen und Gewürze auf dem Kandis verteilen, die abgekühlten Äpfel darauflegen und alles mit Korn begießen. Glas verschließen und den Ansatz an einem warmen Ort einen Monat durchziehen lassen, dabei ab und zu durchschütteln. Wenn sich der Kandis aufgelöst hat, den fertigen Likör durch ein feines Sieb in eine sauber ausgespülte, trockene Flasche füllen und sofort verschließen.

Bratapfel - Likör

„Die Liebe ist das Gewürz des Lebens, sie kann es versüßen, sie kann es aber auch versalzen."

(Konfuzius)

Der Bratapfel

Kinder, kommt und ratet,
was im Ofen bratet!
Hört, wie's knallt und zischt.
Bald wird er aufgetischt,
der Zipfel, der Zapfel, der Kipfel,
der Kapfel, der gelbrote Apfel.
Kinder, lauft schneller,
holt einen Teller,
holt eine Gabel!
Sperrt auf den Schnabel
für den Zipfel, den Zapfel,
den Kipfel, den Kapfel,
den goldbraunen Apfel!

Sie pusten und prusten,
sie gucken und schlucken,
sie schnalzen und schmecken,
sie lecken und schlecken
den Zipfel, den Zapfel,
den Kipfel, den Kapfel,
den knusprigen Apfel

(Volksgut)

Schwarz - Weiß - Gebäck

Zutaten für 60 Stück:

300 Gramm Butter
150 Gramm Puderzucker
1 Päckchen Vanillezucker
400 Gramm Mehl
2 Esslöffel Kakao
1 Eiweiß
Mehl zum bestäuben

Zubereitung:

Butter mit Puderzucker und Vanillezucker schaumig schlagen. Mit dem Mehl zu einem glatten Teig verkneten. Den Teig in 2 Portionen teilen, 1 Portion mit Kakao verkneten. Die Teige in Frischhaltefolie wickeln und eine Stunde kühl stellen. Das Eiweiß verquirlen. Beide Teige auf einer bemehlten Fläche zu gleichgroßen Quadraten ausrollen. Den helleren Teig mit Eiweiß einstreichen, den dunklen auflegen und aufrollen. Nochmal gut kühlen. Die Backbleche mit Backpapier belegen. Die Teigrolle mit einem scharfen Messer in Scheiben schneiden und aufs Blech legen. Im Ofen bei 175 Grad 15 Minuten backen. Backpapier abziehen und auskühlen lassen.

„Der Mensch tut gut daran farbig zu denken!"

(Birgit Eckhoff)

Stern – Serviettenring

Stern und Öffnung mittig ausschneiden. Serviette aufrollen und durch die Öffnung schieben. Die Vorlage kann auch für ein Teelicht genutzt werden. Dafür das Loch ganz ausschneiden.

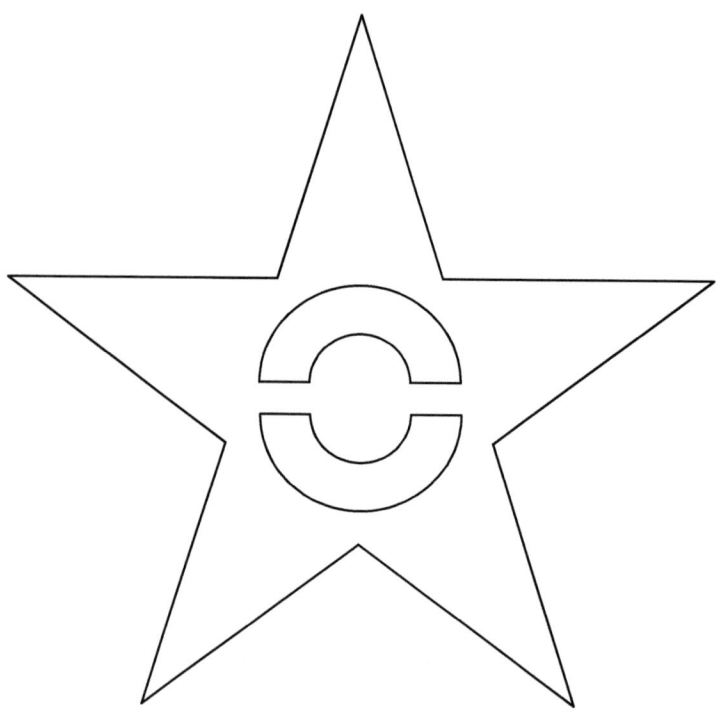

„In dunklen Stunden leuchten die Sterne der Erinnerung."

(Birgit Eckhoff)

Apfel - Amaretto - Punsch

Zutaten für eine Tasse:

0,2 Liter Apfelsaft
2 Schnapsgläser Amaretto
Apfelscheiben
Sahne
Zimt

Zubereitung:

Pro Tasse eine dünne Scheiben von einem Apfel abschneiden, entkernen und einen Stern ausstechen. Apfelsaft mit den Apfelscheiben erhitzen. Amaretto zugeben und verrühren. Mit einem Klecks Sahne und einer Prise Zimt obenauf ist der Apfel - Amaretto - Punsch besonders verführerisch.

Lese - Ecke

Anleitung:

Papier auf die Größe 15 x 15 Zentimeter zuschneiden oder fertiges Origami - Papier verwenden. Papier mittig Ecke auf Ecke zum Dreieck falten. Beide Ecken zur Mitte falten. Die Flügel wieder auffalten und die obere Spitze nach unten falten. Nun die Flügel nach innen klappen. Die letzte Ecke bündig nach hinten knicken, anschließend wieder auffalten und nach innen stecken. Beliebig verzieren.

Knusperkekse

Zutaten für 30 Stück:

200 Gramm Vollmilchschokolade
60 Gramm Cornflakes
60 Gramm Mandeln

Zubereitung:

Ein Backblech mit Backpapier auslegen. Die Mandeln grob hacken. Die Cornflakes zusammen mit den Mandeln in einer Schüssel mischen. Die Schokolade unter Rühren in einer Edelstahlschüssel über einem heißen, nicht kochenden Wasserbad schmelzen. Die geschmolzene Schokolade über die Cornflakes und Mandeln geben und verrühren, bis alles mit Schokolade überzogen ist. Mit zwei Teelöffeln 30 kleine Häufchen auf das Backblech portionieren. Knusperkekse etwa 3 Stunden fest werden lassen. Das Rezept kann auch mit jeder anderen Schokolade abgewandelt werden.

„Trenne dich nicht von deinen Illusionen. Wenn sie verschwunden sind, wirst du weiter existieren, aber aufgehört haben zu leben."

(Mark Twain)

„Jedes Mal,

wenn zwei Menschen einander verzeihen,
ist Weihnachten.
Jedes Mal,
wenn Ihr Verständnis zeigt für Eure Kinder,
ist Weihnachten.
Jedes Mal,
wenn Ihr einem Menschen helft,
ist Weihnachten.
Jedes Mal,
wenn ein Kind geboren wird,
ist Weihnachten.
Jedes Mal,
wenn Du versuchst, Deinem Leben
einen neuen Sinn zu geben,
ist Weihnachten.
Jedes Mal,
wenn Ihr einander anseht
mit den Augen des Herzens,
mit einem Lächeln auf den Lippen,
ist Weihnachten."

(Weisheit aus Brasilien)

Stollen - Muffin

Zutaten für 12 Stück:

150 Gramm Margarine
2 Eier
100 Gramm Zucker
200 Gramm Mehl
2 Teelöffel Backpulver
0,150 Liter Milch
50 Gramm Marzipan Rohmasse
5 Tropfen Mandelaroma
50 Gramm Mandeln, gehackt
50 Gramm Rosinen
50 Gramm Zitronat
50 Gramm Orangeat
3 Esslöffel Puderzucker

Zubereitung:

Backofen auf 180 Grad vorheizen. Mulden des Muffinblechs fetten oder mit Papierförmchen auslegen. 125 Gramm Margarine, Eier und Zucker mit den Quirlen eines Mixers zu einer glatten Masse schlagen. Mehl und Backpulver vermischen und mit der Milch unter den Teig rühren. Marzipan in kleine Würfel schneiden und mit Mandelaroma, Mandeln, Rosinen, Zitronat und Orangeat unter den Teig mischen. Teig in die Muffinformen verteilen und im vorgeheizten Ofen etwa 30 Minuten backen. Mit einem Holzstäbchen prüfen, ob die Muffins fertig sind - es darf kein Teig am Stäbchen kleben. Gebackene Muffins einige Minuten ruhen lassen und aus dem Muffinblech lösen. Einen Esslöffel Margarine schmelzen, Muffins damit bestreichen und dick mit Puderzucker bestreuen.

Windlicht - Iglu

Zutaten für ein Licht:

Würfelzucker
1/2 Tasse Puderzucker
etwas Hagelzucker
Wasser
Teelicht

Anleitung:

Puderzucker mit ein wenig Wasser zu einer klebrigen Masse rühren. Zuckerwürfel in diesen Kleber tauchen und mit dem "mauern" anfangen. Zwischen den Würfeln immer einen Spalt lassen, damit später das Kerzenlicht durchscheinen kann. Iglu auf einen Teller oder eine Platte setzen, etwas Hagelzucker drum herum streuen und ein Teelicht in die Mitte setzten.

„Wenn du für jemanden eine Lampe anzündest, wird sie auch deinen Weg erhellen."

(Sprichwort aus der Mongolei)

Falt - Engel

Material für 1 Engel:

Geschenk - oder Notenpapier
1 Holzperle
Doppelseitiges Klebeband
Basteldraht

Anleitung:

Für diese Falt - Engel finden alte Magazine, dünnes Geschenk - oder Notenpapier super Verwendung. Zunächst schneidet man zwei gleichgroße Hälften Papier auf 14 x 13 Zentimeter zu und faltet beide wie eine Ziehharmonika. Das obere Drittel wird für die Flügel abgeknickt und mit dem längeren Teil zusammengeklebt. Das macht man für beide Hälften und klebt sie oben und unten mit Doppelklebeband zusammen, zieht den Basteldraht durch und fädelt eine Holzperle als Kopf auf. Fertig ist der Geschenkanhänger oder der Weihnachtsbaumschmuck.

„Die meisten Leute feiern Weihnachten, weil die meisten Leute Weihnachten feiern."

(Kurt Tucholsky)

Falt - Engel sehen auch hübsch im Fenster aus

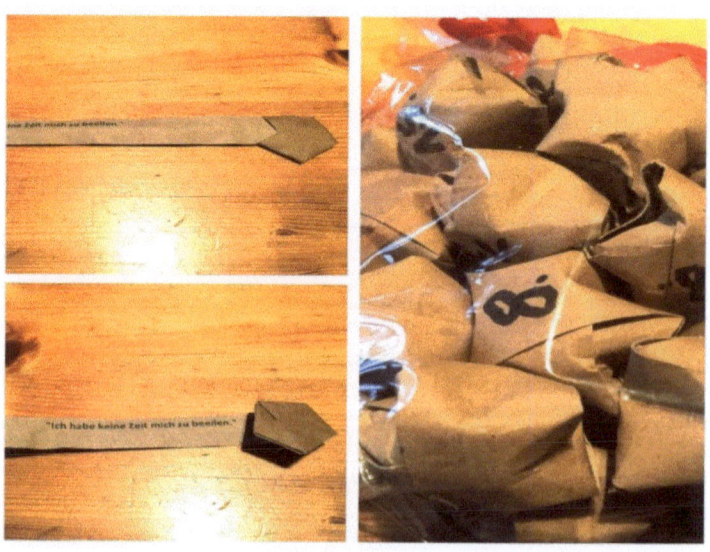

Holen wir die Sterne vom Himmel

Origami – Sterne

Einen etwa 1,5 Zentimeter breiten und 70 Zentimeter langen Papierstreifen zuschneiden. In diesen vorsichtig einen Knoten am Ende des Papierstreifens binden. Den Knoten vorsichtig flachdrücken. So entsteht ein Fünfeck. Das überstehende Ende an der Kante entlang in das Fünfeck schieben. Danach den Papierstreifen umdrehen und immer der Streifenkante entlang aufwickeln. Das übrig gebliebene Ende einfach einstecken. Das aufgewickelte Fünfeck an allen Kanten mit einem Fingernagel mittig eindrücken. Fertig ist das Sternchen. Auch eine schöne Idee für einen Adventskalender. Dafür 24 Streifen zuschneiden. Jeweils ein Zitat, Spruch, Wunsch oder Gutschein aufschreiben. Sternchen aufwickeln, nummerieren, verpacken und verschenken.

„Sternenlichterglanz lädt nachts zum Tanz."

(Birgit Eckhoff)

Rosenblüten - Sirup

Zutaten für 1 Flasche:

6 unbehandelte Duft-Rosen
(etwa 100 Gramm Rosenblütenblätter)
500 Gramm Zucker
1/2 Teelöffel Zitronensäure

Zubereitung:

Rosenblütenblätter vom Blütenkopf lösen. Blätter in einem Topf mit 0,5 Liter kochendem Wasser übergießen. Zucker und Zitronensäure dazugeben. Mindestens 3 Tage zugedeckt ziehen lassen. Zwischendurch umrühren. Sud durch ein feines Sieb gießen und in saubere fest verschließbare Flaschen abfüllen. Sirup kalt aufbewahren.

„Es ist schön, den Augen dessen zu begegnen, dem man soeben etwas geschenkt hat."

(Jean de La Bruyère)

Advents - Gulasch

Zutaten für 4 Portionen:

750 Gramm Gulasch
0,4 Liter Brühe
0,3 Liter Weißwein
3 Äpfel
2 Handvoll Nüsse
Pimentkörner, Nelken, Kardamom, Zimt und Ingwer
1 Becher Sahne
heller Saucenbinder
1 Esslöffel Apfelgelee
1 Teelöffel Rum (optional)
Salz/ Pfeffer

Zubereitung:

Gulasch kleiner schneiden, mit Fett in der Pfanne in zwei Portionen braun anbraten. Fleisch salzen und pfeffern und in einen Topf umfüllen. Alle Weihnachtsgewürze mischen, mörsern und zum Gulasch geben. Brühe mit Wein angießen und insgesamt etwa 90 Minuten bei kleiner Hitze schmoren. Äpfel schälen, das Kerngehäuse entfernen und in Stücke schneiden. Nach einer Stunde Garzeit die Äpfel zum Gulasch geben und weitere 30 Minuten garen. Zum Schluss grob gehackte Nüsse, Rum und Gelee zugeben. Auf Wunsch die Sauce mit Sahne verfeinern, binden und abschmecken. Dazu passen Elchnudeln oder Polentasterne.

Lebkuchen - Eierlikör

Zutaten für 1 Flasche:

8 Eigelbe
500 Gramm Puderzucker
0.125 Liter Weingeist 90%
0,5 Liter Kondensmilch 12%
1 Vanilleschote
1 Teelöffel Lebkuchengewürz

Zubereitung:

Vanilleschote der Länge nach aufschneiden und das Vanillemark herauskratzen. Eigelbe, Lebkuchengewürz und Vanillemark in einen hohen Topf geben und mit dem Handrührgerät gut aufschlagen. Puderzucker nach und nach zugeben und alles zu einer zähen Masse verrühren. Kondensmilch und Weingeist langsam mit einem Schneebesen einrühren. Damit sich der entstandene Schaum setzen kann, den Likör erst am nächsten Tag in eine Flasche füllen. Lebkuchen - Eierlikör am besten im Kühlschrank aufbewahren.

Lebkuchen -
Eierlikör

Aus dem Sanskrit: Achte gut auf diesen Tag

Sanskrit ist die noch heute in Indien als Literatur - und Gelehrtensprache verwendete altindische Sprache.

Ich schenke Dir Zeit

Zeit ist das Wertvollste, was wir kennen. Immer fehlt es an ihr. Zeit kann man nicht kaufen, aber man kann sie schenken. Machen wir jemanden eine schöne Zeit und verschenken eine Arbeitszeit, Freizeit oder eine Auszeit.

Hier einige Ideen:

Ich streiche Deinen Gartenzaun

Ich gebe Dir drei Nachmittage lang einen Computerkurs

Wir gehen spazieren und machen tolle Fotos

Ich komme vorbei, wenn es etwas zu reparieren gibt

Ich komme Schneeschaufeln

Ich hüte ein Wochenende lang die Kinder für Euch

Ich gehe 5 x mit Deinem Hund spazieren

Ich lade Dich ins Schwimmbad ein

Ich lade Dich zur Sauna ein

Du darfst 10 x ausschlafen, während ich den Kindern Frühstück bereite.

Ich überrasche Dich mit einem Abend nur für uns zwei

Liebe geht durch den Magen: Ich koche für Dich ein Essen

Ich nehme bei schönem Wetter einen Tag frei für Dich

Ich bringe Deine Buchhaltung in Ordnung

Ich komme mit Dir Shoppen und massiere Dir abends sogar Deine müden Füße

Ich lade Dich ins Kino ein - Pop Corn & Getränk Inklusive

Ich mähe Deinen Rasen

Ich massiere Dir den Rücken

Die Origami - Sterne von Seite 46/47 eignen sich auch toll für einen Zeit - Gutschein

Unser Weihnachtsritual

Weihnachten kann zum Horror werden, wenn ein Kind, Angehöriger oder liebgewonnener Mensch gestorben ist. Der Schmerz der Lücke meldet sich für die zurückgebliebenen Eltern, Geschwister, Angehörige und Freunde in diesen stillen Tagen besonders heftig. Weihnachten hat für sie seinen Sinn verloren, jedenfalls wenn sie es als reines „Fest der Freude" erlebt haben. Weihnachten 2008 ist bei uns alles sehr schwer. Unser Sohn und Bruder Ole fehlt. Er, der jüngste Sohn und kleiner Bruder, ist am 17. Oktober 2008 als vierzehnjähriger plötzlich über Nacht gestorben. Eine schreckliche Lücke ist nun da, und sie bleibt offen. Einen klitzekleinen Trost spendet uns dieses Weihnachts-Ritual: Am Heiligen Abend steigt für Ole immer eine Himmels-Laterne - zum Gruß. Nach dem Essen bringen wir ihm etwas von unserer Tischdekoration zum Grab. So wird aus der Lücke am Tisch unsere persönliche Brücke. Eine Verbindung vom Tisch zum Grab, vom Weihnachtsabend zum Friedhof. Uns hilft es, Tod und Leben in Beziehung zu bringen, ohne dass wir Weihnachtsstimmung vorspielen oder gar heucheln müssen. Ähnlich machen wir es an Oles Geburtstag am 17. Mai. Ole mochte Spaghetti-Eis besonders gerne und nun wird an diesem Tag ein solches an seinem Grab gegessen.

„Der Mensch ist erst wirklich tot, wenn niemand mehr an ihn denkt."

(Bertold Brecht)

Lebkuchen - Muffins

Zutaten für 12 Stück:

250 Gramm Mehl
2 Teelöffel Backpulver
2 Teelöffel Lebkuchengewürz
2 Esslöffel Kakaopulver
150 Gramm Honig
75 Gramm brauner Zucker
75 Gramm Butter
4 Esslöffel Milch
2 Eier
1 Esslöffel Puderzucker
12er-Muffinblech
Fett für das Blech

Zubereitung:

Backofen auf 180 Grad vorheizen. Blechvertiefungen fetten. Mehl mit Backpulver, Lebkuchengewürz und Kakao mischen. Honig mit Zucker, Butter und Milch unter Rühren erwärmen. Etwas abkühlen lassen und die Eier unterrühren. Mehlmischung zügig unterrühren. Teig in die Blechvertiefungen füllen. Im Ofen etwa 20 bis 25 Minuten backen. Muffins herausnehmen, leicht ausgekühlt aus den Formen lösen, mit Puderzucker bestäuben und genießen.

Der Dalai Lama wurde gefragt

Der Dalai Lama wurde gefragt, was ihn am meisten überrascht; er sagte: „Der Mensch, denn er opfert seine Gesundheit, um Geld zu machen. Dann opfert er sein Geld, um seine Gesundheit wiederzuerlangen. Und dann ist er so ängstlich wegen der Zukunft, dass er die Gegenwart nicht genießt; das Resultat ist, dass er nicht in der Gegenwart oder in der Zukunft lebt; er lebt, als würde er nie sterben, und dann stirbt er und hat nie wirklich gelebt."

Blume des Lebens

„Ich denke, dass der Sinn des Lebens darin besteht, glücklich zu sein."

(Dalai Lama)

Duft - Orangen und Orangen - Licht

Jeweils für 1 Licht oder Duft:

1 Orangen
ganze Gewürznelken
1 Teelicht
Sand

Anleitung:

Nelken zu einem Muster in die Orangen stecken. Ob Linien, Herzen, Sterne, einfach der eigenen Fantasie freien Lauf lassen! Schon ist die Duftorange fertig. Für das Orangen - Licht: Orange, ähnlich wie einen Halloweenkürbis, aushöhlen. Mit Nelken bespicken und mit Sand füllen, damit die Kerze besser hält. Teelicht einsetzen und fertig ist ein duftendes Licht.

Bananenplätzchen

Zutaten für 1 Blech:

3 Bananen
3 Tassen Mehl
1 Tasse Stärkemehl
200 Gramm Butter
1 Teelöffel Backpulver
2 Packungen Vanillezucker
1 Esslöffel Kakao

Zubereitung:

Drei reife, kleingeschnittene Bananen mit den restlichen Zutaten zu einem glatten Teig vermengen. Den Teig eine Stunde kühl stellen. Aus dem Teig kleine Bällchen formen und auf ein Blech legen. Die Kugeln mit einer Gabel flach drücken und bei 170 Grad etwa 12 Minuten backen.

„Ich werde Weihnachten in meinem Herzen ehren und versuchen, es das ganze Jahr hindurch aufzuheben."

(Charles Dickens)

Orientalisches Weihnachtsdessert

Zutaten für 4 Portionen:

500 Gramm Naturjoghurt
200 Gramm Kokosraspeln
3 Orangen
Datteln, ungesalzene Erdnüsse
Zimt zum Bestreuen

Zubereitung:

Naturjoghurt mit den Kokosraspeln vermischen und alles eine Weile lang durchziehen lassen. Orangen schälen und in Scheiben schneiden Orangenscheiben auf einem Dessertteller anrichten und die Joghurt - Kokos - Masse darauf verteilen. Datteln zugeben und mit etwas Zimt bestreuen. Zum Schluss den gehackten, ungesalzenen Erdnüssen bestreuen und servieren.

„Ein gutes Essen ohne Dessert ist wie eine einäugige Schönheit."

(Jean Anthelme Brillat-Savarin)

Ein Licht geht um die Welt

Jedes Jahr sterben Kinder und junge Erwachsene. Überall bleiben trauernde Eltern, Geschwister, Großeltern und Freunde zurück. Täglich wird in den einzelnen Familien dieser Kinder gedacht. Doch einmal im Jahr wollen weltweit Betroffene nicht nur ihrer eigenen Töchter, Söhne, Schwestern, Brüder, Enkelkinder und Freunde gedenken. Jedes Jahr am 2. Sonntag im Dezember stellen seit vielen Jahren Betroffene rund um die ganze Welt um 19 Uhr brennende Kerzen in die Fenster. Während die Kerzen in der einen Zeitzone erlöschen, werden sie in der nächsten entzündet, so dass eine Lichterwelle 24 Stunden die ganze Welt umringt.

Dieses Bild habe ich am 7.September 2015 in der
Grabeskirche in Jerusalem fotografiert

„Tausende von Kerzen kann man am Licht
einer Kerze anzünden ohne dass ihr Licht
schwächer wird. Freude nimmt nicht ab, wenn
sie geteilt wird."

(Buddha)

Dieses Bild ist vom Garten Gethsemane in Jerusalem

So wird ein Peace - Zeichen auf der Tastatur eines Computer oder Laptop gemacht.

Taste Alt drücken und die Zahlen 9774 eingeben. Voila!

„Frieden kannst du nur haben, wenn du ihn gibst.“

(Marie von Ebner-Eschenbach)

Kirche der Nationen auf dem Ölberg in Jerusalem

„Die natürliche Religion ruht auf der
überzeugung einer Vorsehung, welche die
Weltordnung im Ganzen leitet."

(Johann Wolfgang von Goethe)

Ein bisschen Frieden

Ein bisschen Frieden heißt der Titel eines Liedes, das als deutscher Beitrag zum Eurovision Song Contest 1982 von der damals 17-jährigen Sängerin Nicole gewonnen wurde.

Ein bisschen Frieden brach auch im Ersten Weltkrieg - genau an Weihnachten 1914 - aus.

Die Truppen des Deutschen Reiches haben sich in Sichtweite ihrer Gegner - Engländer, Franzosen, Belgier - in Schützengräben, bekränzt von Stacheldrahtverhauen, tief in den Lehmboden eingebuddelt. Die anderen hielten es ebenso. Wie blutrünstige Ungeheuer lagen sich die feindlichen Heere gegenüber. Oft nur hundert Meter voneinander entfernt. Doch ausgerechnet in diesem Niemandsland, dem Todesstreifen, geschah Unglaubliches. Ein bisschen Frieden brach aus - mitten im Krieg. Den Anstoß gaben ausgerechnet die Deutschen, die den Ersten Weltkrieg im August begonnen hatten. Pappschilder wurden hoch gehalten, mit „Merry Christmas" oder „Frohe Weihnachten", erst hüben, dann drüben. Soldaten der verfeindeten Nationen legten ihre Waffen nieder und feierten gemeinsam Weihnachten. In den Stacheldrähten und auf den Gräben standen Tannenbäume, beleuchtet von Kerzen. Die Feinde sangen gemeinsam Weihnachtslieder. Das Wunder im Niemandsland bleibt bis heute in allen Kriegen einmalig.

Gesichtsmasken aus der Küche

Gesichtsmasken gegen große Poren

Zitronensäure verengt die Poren, dadurch wirkt das Hautbild feiner und ebenmäßiger.

Zutaten:

2 Esslöffel Quark
1 Teelöffel Zitronensaft

Quark und Zitronensaft vermengen und die Maske 15 Minuten einwirken lassen. Anschließend mit warmem Wasser abspülen.

Gesichtsmasken für einen frischen Teint

Papaya enthält das Enzym Papain und unterstützt ein frisches Aussehen.

Zutaten:

100 Gramm Papaya
1 Teelöffel Honig
1 Eigelb
1 Teelöffel Olivenöl
1/2 Avocado

Papaya und Avocado fein pürieren und mit den anderen Zutaten vermengen. Anschließend aufs Gesicht auftragen und 15 Minuten einwirken lassen. Mit einem

Kosmetiktuch abnehmen und Reste mit warmen Wasser entfernen.

Gesichtsmasken für ein waches Aussehen

Kaffee und das darin enthaltene Koffein macht nicht nur von innen wach, sondern als Maske auch von außen.

Zutaten:

5 Teelöffel Kaffeeprütt
1 Teelöffel Honig
1 Teelöffel Olivenöl

Die Zutaten gut vermengen. Gesichtsmaske auftragen und 30 Minuten einwirken lassen. Vorsicht, die Maske sollte nicht in die Augen gelangen. Für einen zusätzlichen Peeling-Effekt: die Maske beim Abnehmen mit warmem Wasser verreiben. Das regt die Durchblutung an und lässt die Haut noch frischer aussehen.

Gesichtsmasken gegen trockene Haut

Avocados enthalten wertvolle Fette, die auch der Haut gut tun.

Zutaten:

1 Esslöffel reife Avocado
1 Esslöffel Joghurt

Avocado mit einem Löffel zerdrücken und mit dem Joghurt vermengen. 10 Minuten auf dem Gesicht einwirken und anschließend mit Wasser gut abspülen.

Gesichtsmasken für weiche Haut

Joghurt und Honig sind ein wahres Schönheitselixier.

Zutaten:

5 Esslöffel Naturjoghurt
1 Esslöffel Honig

Joghurt und Honig verrühren und aufs Gesicht geben. 20 Minuten einwirken lassen und anschließend mit einem Kosmetiktuch die Reste abnehmen. Die Haut fühlt sich danach gleich viel weicher an und strahlt.

Gesichtsmasken gegen Pickel

Heilerde ist gegen Pickel eine wahre Wunderwaffe. Heilerde gibt es als Pulver in der Drogerie.

Zutaten:

2 Esslöffel Heilerde
warmes Wasser

Heilerde mit warmem Wasser verrühren, sodass ein dicker Brei entsteht. Die Maske anschließend aufs Gesicht auftragen. Mund- und Augenpartie aussparen. So lange einwirken lassen, bis sie vollständig getrocknet ist. Danach mit warmem Wasser abspülen.

Gesichtsmasken für straffe Haut

Gurken enthalten Vitamine, Schwefel, Schleimstoffe und sorgen für ein straffes Hautbild.

Zutaten:

1/3 einer mittelgroßen Salatgurke
1 Esslöffel Quark

Gurke klein schneiden und mit einem Mixstab zu einem feinen Brei pürieren. Anschließend Quark darunter geben. Die Maske 20 Minuten einwirken lassen und danach gut abspülen.

„Schön ist eigentlich alles, was man mit Liebe betrachtet. Je mehr jemand die Welt liebt, desto schöner wird er sie finden."

(Christian Morgenstern)

Küssen unterm Mistelzweig

Mistelzweige finden besonders in der Vorweihnachtszeit große Beachtung. Die Zweige werden dekorativ mit einem Band an Decken und Türrahmen befestigt. Früher wollte man auf diese Weise Geister, böse Hexen und Unheil abwenden. Mistelzweige gelten auch als Symbol für Frieden und Versöhnung. Hierzulande hängen in der Weihnachtszeit In vielen Häusern Mistelzweige in Türrahmen. Zu diesem Gewächs gibt es einen besonderen Weihnachtsbrauch aus England: Man sagt, dass es Paaren Glück bringt, sich unter diesen Zweigen zu küssen. Wenn eine junge Frau darunter steht, darf sie es nicht ablehnen, geküsst zu werden. Und wenn ein Mädchen unter dem Zweig steht und trotzdem ungeküsst bleibt, wird sie im nächsten Jahr nicht heiraten. Wer also im Advent plötzlich von einem Wildfremden geküsst wird, steht vermutlich gerade unter einem Mistelzweig.

„Küsse mich!
Sonst küss' ich dich!"

(Johann Wolfgang von Goethe)

Wish you a Merry Kissmas!

Weihnachten anderswo

So kurz vor Weihnachten ist die richtige Zeit auch daran zu denken, wie das Weihnachtsfest in anderen Ländern gefeiert wird. Manche der Bräuche sind so schön, dass man darüber nachdenken sollte, Sie bei uns auch einzuführen. Hier ein paar Beispiele:

In **Frankreich** stellen die Kinder am Heiligen Abend ihre Schuhe neben den Kamin. Père Noël, wie die Kinder in Frankreich den Weihnachtsmann nennen, soll seine Geschenke dort hineinlegen. Im Süden Frankreichs wird im offenen Kamin ein riesiger Holzklotz verbrannt, der vom Weihnachtsabend bis Neujahr durchbrennen sollte. In der Provence werden überall Krippen aufgestellt mit fingerlangen Tonfiguren drin, den Santons. Sie sind bemalt und tragen kleine Kleidchen. Für ihre Krippen sammeln die Kinder in der Adventzeit Zweige und Moos. Und zu essen? Im Elsass wird Gans gegessen wie bei uns, im Burgund ist man Truthahn mit Kastanien und in Paris natürlich Austern und Gänseleberpastete. Den Abschluss aber macht überall der Baumkuchen, mit Schokolade überzogen.

Der Weihnachtsmann in **Dänemark** heißt Julemand und hat lauter fleißige Helfer, die Julenisser. Diesen freundlichen Weihnachtswichteln wird Hafergrütze mit Milch bereitgestellt, damit sie nett zu den Kindern sind. Gegessen wird Schweinebraten mit Rotkohl und Röstkartoffeln. Und zum Abschluss Julegröd, ein Pudding, in dem eine Mandel versteckt ist. Wer sie findet, bekommt ein ganz besonderes Geschenk.

In **Schweden** wird Weihnachten am 13. Dezember gefeiert, dem Lucia-Tag. Die jüngste Tochter des Hauses zieht sich frühmorgens ein weißes Gewand an, bindet eine rote Schärpe um und setzt sich einen Kranz aus Preiselbeerzweigen, mit brennenden Lichtern darauf, auf den Kopf. Dann weckt sie alle anderen im Haus und verteilt feine Zimtkuchen.

Julböcke, also Ziegenböcke, gehören in ganz **Skandinavien** zur Weihnachtszeit. Kinder verkleideten sich als Julbock. Diese kann man überall und in allen Größen aus Stroh gebunden kaufen. Zu essen gibt es den gebackenen Julskinka, den Julschinken mit unzähligen Beilagen.

In **Finnland** hält man es zu Weihnachten fast ganz genauso, nur kommt zu den finnischen Kindern der Joulopukki und bringt die Geschenke.

In **England** und **Amerika** kommt zu Weihnachten Santa Claus mit seinem Schlitten voller Geschenke, der von acht Rentieren gezogen wird. Vorn im Gespann natürlich Rudolf, das Rentier mit der roten Nase. Santa Claus klettert mit den dicksten Geschenken leichtfüßig die Kamine herunter und wieder hinauf und feuert seine Rentiere mit einem lautem „Hoo-hoo-hoo!" an. Gegessen wird in England und Amerika traditionell der gebratene Truthahn. Der krönende Abschluss aber ist der Plumpudding. Ein würziger, schwerer Kuchen aus Früchten, Eiern, Mehl und Gewürzen, der mit Rum übergossen und brennend serviert wird.

Im katholischen **Polen** wird wenigstens noch ein Tag vor dem Heiligen Abend gefastet. Aber das große Kochen hat schon begonnen. Wenn am Heiligen Abend der erste Stern am Himmel auftaucht, setzen sich alle zum Wilia-Essen um den Tisch. Es wird ein Gedeck mehr aufgelegt als nötig. Das ist für den „unerwarteten Gast". Es gibt eingelegten Fisch zu essen und Piroggen, süße Sachen zwischendurch, den Karpfen in polnischer Soße mit Bier und Pfefferkuchen sowie viele andere Gerichte. Unter dem Tischtuch liegt Stroh, um an die Krippe zu erinnern, in der das Jesuskind auf Heu und Stroh gebettet ist. Wenn nach vielen Stunden die Tafel aufgehoben wird, darf jeder einen Halm unter dem Tischtuch hervorziehen. Je länger der Halm ist, desto länger auch das Leben.

In **Italien** bringt die Hexe Befana den Kindern ihre Geschenke. Der große Festakt der Befana ist der 6. Januar, dann sind alle Straßen festlich geschmückt und erleuchtet, und die Hexe wird mit Blasmusik und Feuerwerk begrüßt. Die Befana, so erzählt die Legende, war zur Weihnachtszeit so sehr mit der Hausarbeit beschäftigt, dass sie sich nicht einmal die Zeit nahm, die Heiligen Drei Könige zu bewirten, die auf ihrem Weg nach Bethlehem bei ihr einkehren wollten. Zur Strafe muss sie zur Weihnachtszeit in jedem Haus nach dem heiligen Kind suchen und ein Geschenk da lassen. Es könnte ja das richtige Haus sein. Gegessen wird in Italien am Heiligen Abend ein Cenone, das meistens aus Fischgerichten besteht, weil es der letzte Abend vor der vorweihnachtlichen Fastenzeit ist.

Advent in den Straßen von Rom im Dezember 2014

In **Spanien** ist der Heilige Abend aus demselben Grund noch ein Tag der Andacht. Dafür wird an Weihnachten Mandelsuppe gegessen, Truthahn und Nougat. Am Dreikönigstag stellen die Kinder ihre Schuhe neben ein Büschel Heu oder Stroh für die hungrigen Kamele der Könige.

Weihnachtsbeleuchtung bei meiner Schwester in Spanien

In **Mexiko** wird vom 16. Dezember bis Weihnachten durchgefeiert. Acht Nächte hintereinander ziehen feierliche Prozessionen, die Pousadas, durch die Städte, als Symbol für die Reise von Maria und Josef nach Bethlehem. Sie bitten um Obdach, achtmal vergeblich. Erst in der neunten Nacht öffnet sich die Tür. Die „Obdachlosen" werden im hellen Licht und mit Liedern freundlich begrüßt.

In **Tschechien** bringt am 24. Dezember das Jesuskind abends die Geschenke. Vor dem Weihnachtsmahl und dem anschließenden Geschenke auspacken soll man nichts essen. Andere tschechische Weihnachtstraditionen beinhalten Zukunftsdeutungen. Äpfel werden kreuzweise geschnitten: Wenn ein Stern im Kern erscheint, steht ein gutes Jahr bevor, erscheint ein Kreuz, wird es ein schlechtes Jahr geben. Mädchen werfen Schuhe über ihre

Schultern, um zu schauen, ob eine baldige Heirat bevorsteht. Dies soll eintreten, wenn der Spitz zur Türe zeigt. Auch Zinngießen gehört zu dieser Art von Tradition. Das Essen wird erst nach Sonnenuntergang serviert. Traditionell sollte es nicht serviert werden bevor die ersten Sterne sichtbar werden. Es besteht aus Karpfen und Kartoffelsalat. Manchmal geht diesem noch ein Gang mit Pilzen, Sauerkraut oder einer Fischsuppe voraus. Das Essen endet mit einem Dessert, z.B. Apfelstrudel. Lange Zeit gab es ein spezielles Weihnachtsbrot „vánocka" (sehr ähnlich dem jüdischen challa), das ein fester Bestandteil des Weihnachtsessens war. Heute hat es seine weihnachtliche Besonderheit größtenteils verloren, denn es kann das ganze Jahr über gekauft werden.

In **Russland** bringt, wegen des julianischen Kalenders, Väterchen Frost zum Jolkafest den Kindern erst am 31. Dezember die Geschenke. Er wird von einem Mädchen „Schneeflocke" und einem Jungen „Neujahr" begleitet. Weihnachten selbst wird in Russland am 7. Januar (entspricht im Julianischen Kalender dem 25. Dezember) gefeiert. Am 11. Januar, in Russland der Neujahrstag, endet dann die Weihnachtszeit. Gegessen werden in Russland traditionelle russische Salate, die auch während anderer Feiertage serviert werden, und Kutja. Kutja ist ein sehr altes russisches breiähnliches Gericht aus Weizen und anderen Getreidekörnern, manchmal mit Rosinen, Honig und Mohn, die Hoffnung symbolisieren.

Zimtsterne

Zutaten für 40 Stück:

3 Eiweiß
250 Gramm Puderzucker
1 Packung Vanillezucker
3 Tropfen Rum-Aroma
1 Teelöffel gemahlener Zimt
400 Gramm gemahlene Mandeln
Puderzucker zum bestreuen

Zubereitung:

Eiweiß in einer Schüssel mit einem Mixer auf höchster Stufe sehr steif schlagen. Puderzucker sieben und nach und nach unterrühren. Zum Bestreichen der Sterne 2 gut gehäufte Esslöffel Eischnee abnehmen. Vanillezucker, Rum-Aroma, Zimt und die Hälfte der Mandeln vorsichtig auf niedrigster Stufe unter den übrigen Eischnee rühren. Vom Rest der Mandeln so viel unterkneten, dass der Teig kaum noch klebt. Arbeitsfläche mit Puderzucker bestreuen und den Teig etwa 1 cm dick ausrollen. Sterne ausstechen und auf ein mit Backpapier ausgelegtes Backblech legen. Mit dem zurückgelassenen Eischnee bestreichen und im Backofen bei 140 Grad etwa 25 Minuten backen.

Zauber - Licht

Licht sollte in der Adventszeit nicht fehlen. Erhellen Sie sich und anderen mit diesem Zauber - Licht die Zeit. Die Vorlagen kopieren, eine liebe Botschaft in die Leervorlage schreiben und ausschneiden. Für meine Lieben drücke ich gerne ein Lippenstift-Kussmund drauf. Mittig ein kleines Loch stanzen. Docht dem Teelicht entnehmen, durch die Spruchvorlage ziehen und unterhalb der Kerze platzieren. Kerze in ein Marmeladenglas oder ähnliches Gefäß stellen. Sobald die Kerze angezündet wurde und das Wachs geschmolzen ist, wird der Spruch sichtbar. Eine kleine, jedoch schöne Geschenkidee.

Verhüllte Botschaften im Zauber - Licht

Wünsche Dir ein schönes Fest
im Kreise Deiner Familie und
hoffe, Dir mit

diesem Licht einen langen
Winterabend erhellen zu
können.
Herzliche Grüße

**Der Zauber der
Hoffnung kennt**

**unendlich viele Lichter
die sich nicht löschen
lassen**

Engelsaugen

Zutaten für 40 Stück:

250 Gramm Mehl
150 Gramm Butter
2 Eigelbe
70 Gramm Puderzucker
2 Teelöffel Vanillezucker
1 Tüte Zitronenback
Marmelade
Puderzucker

Zubereitung:

Alle Zutaten zusammen mit den Knethaken zu einem glatten Teig verkneten. Für 1 Stunde kalt stellen. Ein Backblech mit Backpapier auslegen. Aus dem Teig kleine Kugeln formen und aufs Backblech setzen. Mit einem in Mehl getauchten Kochlöffelstiel Löcher in die Kugeln bohren. Vorsichtig, nicht durchbohren! Die Marmelade glatt rühren und mit einem Spritzbeutel oder kleinen Löffel in die Vertiefungen der Teigkugeln füllen. Im Backofen bei 200 Grad für 10 - 15 Minuten backen. Auskühlen lassen und mit Puderzucker bestäuben.

„Die Schutzengel fliegen manchmal so hoch, dass wir sie nicht mehr sehen können. Doch sie verlieren uns niemals aus den Augen."

(Jean Paul Richter)

Espressokuchen im Glas

Zutaten für 3 kleine Gläser:

100 Gramm Schokolade
60 Milliliter Espresso
100 Gramm Butter
3 Eier
1 Esslöffel Zucker
75 Gramm Puderzucker
100 Gramm Mandeln, gemahlen
100 Gramm Mehl
Öl

Zubereitung:

Einweckgläser abspülen und gut abtrocknen. Dünn mit Öl einpinseln und die Gummiringe in heißes Wasser legen. Blockschokolade in kleine Stücke brechen und im Wasserbad schmelzen lassen. Espresso unter die geschmolzene Schokolade rühren. Butter in kleinen Stücken dazugeben und ebenfalls schmelzen lassen. Die Eier trennen. Die Eiweiße zu Eischnee schlagen und den Zucker nach und nach zugeben. Eigelbe mit Puderzucker cremig rühren und die etwas abgekühlte Schokoladenmasse unterrühren. Die Mandeln mit dem Mehl vermischen. Eischnee auf die Schokoladencreme geben und mit der Mehlmischung locker unterheben. Gläser jeweils bis zur Hälfte mit Teig füllen. Die Glaskuchen im Backofen bei 160 Grad auf der mittleren Schiene 40 Minuten backen. Anschließend die Gläser aus dem Backofen nehmen und heiß verschließen. Dazu jeweils einen Gummiring auf die Innenseite eines

Glasdeckels legen. Den Deckel auflegen und mit einigen Klammern verschließen. Gläser bis zum Gebrauch kühl aufbewahren.

Diese Espressokuchen sind ein Traum für alle Kaffeeliebhaber

*„Mit Espresso und Humor
kommt man einigem zuvor."*

(Birgit Eckhoff)

Vanillekipferl

Zutaten für 60 Stück:

2 Vanilleschoten
280 Gramm Mehl
100 Gramm gemahlene Mandeln
70 Gramm Zucker
200 Gramm kalte Butter
100 Gramm Puderzucker zum Bestäuben
Mehl zum Arbeiten
Backpapier fürs Blech

Zubereitung:

Die Vanilleschoten längs halbieren -und das Mark ausschaben. Das Mehl mit Mandeln, Zucker, Butter in Flöckchen und dem Vanillemark auf der Arbeitsfläche rasch zu einem glatten Teig verkneten. Den Teig in 4 Portionen teilen und auf bemehlter Arbeitsfläche zu etwa 3 Zentimeter dicke Rollen formen. In Frischhaltefolie wickeln und über Nacht kühl stellen. Den Backofen vorheizen. Die Backbleche mit Backpapier belegen. Die Rollen in 15 zirka 1 Zentimeter dicke Scheiben schneiden. Daraus Kipferl formen und aufs Blech legen. Im Ofen bei 160 Grad für 12 - 15 Minuten backen. Noch warm dick mit Puderzucker bestäuben und abkühlen lassen.

„Nicht mein letzter Wille,
knusprige Kipferl mit Vanille."

(Birgit Eckhoff)

Anisplätzchen

Zutaten für 80 Stück:

3 Eier
200 Gramm Puderzucker
225 Gramm Mehl
1 Esslöffel Anissamen
Fett und Mehl fürs Backblech

Zubereitung:

Eier mit Puderzucker schaumig schlagen. So lange rühren, bis die Masse weiß-cremig ist. Das Mehl sieben und nach und nach unterheben. Den Anissamen grob hacken und unterheben. Das Backblech einfetten und mit Mehl bestäuben. Mit zwei Teelöffeln kleine Häufchen auf das Blech setzen. Über Nacht in einem trockenen Raum ruhen lassen. Anisplätzchen im Backofen bei 150 Grad etwa 12 - 15 Minuten backen. Die Plätzchen sollten oben weiß und unten hellgelb sein.

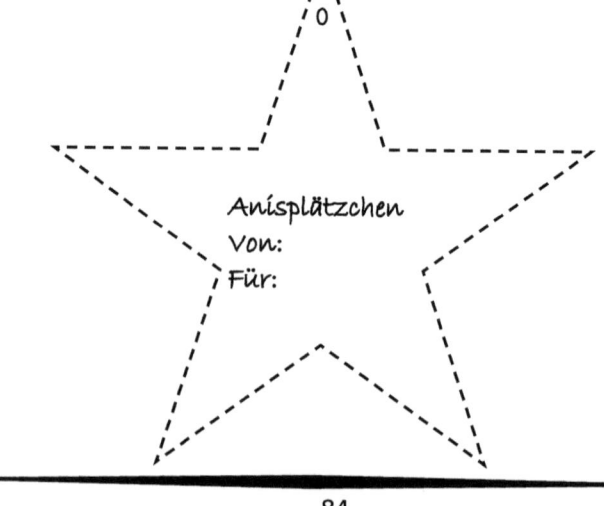

Anisplätzchen
Von:
Für:

Das Neunerlei zu Weihnachten

Das Neunerlei ist ein Weihnachtsessen mit Symbolgehalt. Jede der aufgetischten neun Speisen ist mit einem konkreten Wunsch verbunden. Das Neunerlei ist ein kulinarischer Weihnachtsbrauch, der vor allem im Erzgebirge, aber auch im Vogtland und im Egerland gepflegt wird. Beim Neunerlei wird das Weihnachtsessen in einer festgelegten Speisefolge aufgetischt, die aus neun Speisen besteht. Im Volksglauben symbolisieren die Speisen Vergangenheit und Zukunft, das Erreichte und das Erhoffte. Die Zahl „Neun" beruht auf alt her gebrachten Glaubensvorstellungen. Die Zahl 9 ist eine natürliche Zahl zwischen acht und zehn. Sie ist ungerade, eine Quadratzahl sowie die höchste einstellige Zahl im Dezimalsystem und spielte im Volksglauben eine besondere Rolle. Aus welchen Speisen das Neunerlei genau besteht, ist von Familie zu Familie verschieden. Dennoch hat der Weihnachtsbrauch feststehende Elemente: So müssen bei dem Weihnachtsessen neun Speisen aufgetragen werden, von denen eine aus Klößen und eine andere aus Linsen besteht. Dabei symbolisieren Klöße das große und Linsen das kleine Geld. Fleisch und Wurst verheißen grundsätzlich Glück, Kraft und Wohlstand, Kompott steht für das süße Leben und Sellerie für Potenz und Fruchtbarkeit. Am Heiligen Abend steht ein zusätzliches Gedeck auf dem Tisch - für den unverhofften Gast. Kinder müssen noch eine Nacht schlafen, denn bei vielen Familien wird nach altem Brauch am ersten Weihnachtsmorgen um vier Uhr beschert. Damit die Leute wach werden, läuten zu dieser frühen Stunde die Kirchenglocken. Dieser Brauch stammt aus ärmeren Zeiten, als die Männer mit ihren Pyramiden,

Bögen und Schnitzfiguren am Heiligen Abend bis spät in der Nacht auf den Märkten standen. Wenn sie dann glücklich zu Hause ankamen, war es früh um vier. Sie brachten die Geschenke mit. Das wussten die Kinder und sprangen aus den Betten.

Weihnachten

„Mir ist das Herz so froh erschrocken,
das ist die liebe Weihnachtszeit!
Ich höre fern her Kirchenglocken
mich lieblich heimatlich verlocken
in märchenstille Herrlichkeit.

Ein frommer Zauber hält mich wieder,
anbetend, staunend muss ich stehn;
es sinkt auf meine Augenlider
ein goldner Kindertraum hernieder,
ich fühl's, ein Wunder ist geschehn."

(Theodor Storm)

Nougattaler

Zutaten für 100 Stück:

500 Gramm Mehl
250 Gramm Zucker
250 Gramm weiche Butter
2 Eier
250 Gramm Nussnougatcreme
250 Gramm Haselnusskuvertüre

Zubereitung:

Aus Mehl, Zucker, Butter und Eiern einen Teig kneten. In Folie wickeln und im Kühlschrank etwas ruhen lassen. Teig portionsweise messerrückendick ausrollen und gleich große runde Plätzchen ausstechen und auf das Blech legen. Im Backofen bei 200 Grad etwa 10 Minuten hellbraun backen und danach abkühlen lassen. Kuvertüre im Wasserbad schmelzen. Je 2 Plätzchen mit etwas Nussnougatcreme bestreichen und zusammensetzen, danach mit Kuvertüre bestreichen.

„O Heiliger Abend mit Sternen besät, wie lieblich und labend dein Hauch mich umweht! Vom Kindergetümmel, vom Lichtergewimmel aufschau ich gen Himmel in leisem Gebet."

(Karl Gerok)

Feuerzangenbowle

Zutaten für 8 Portionen:

3 Flaschen trockener Rotwein
250 Gramm Zuckerhut
2 Orangen
1 Zitrone
5 Gewürznelken
2 Zimtstangen
0,5 Liter Rum (80 % Alkohol)

Zubereitung:

Orangen und Zitrone heiß waschen und abtrocknen. Die Schalen der Früchte spiralförmig dünn abschneiden. Orangen in kleine Stücke und die Zitrone in Scheiben schneiden. Schalen und Fruchtstücke zusammen mit dem Wein und den Gewürzen in einen Topf geben und erwärmen. Nicht aufkochen lassen! Rechaud (Warmhalteplatte) anzünden und den Topf darauf stellen. Zuckerhut auf die Feuerzange auflegen und mit Rum beträufeln. Zucker dann mit einem Streichholz entflammen. Wird die Flamme kleiner, Rum mit einer Schöpfkelle nachgießen. Niemals direkt aus der Flasche, da 80 % Rum hochentzündlich ist. Gut umrühren und genießen.

„Ein reicher Mensch ist einer,
der weiß, dass er genug hat."

(Laotse)

Kaffee - Pralinen

Zutaten für 30 Stück:

150 Gramm Zartbitter - Kuvertüre
100 Gramm Vollmilch - Kuvertüre
75 Gramm Schlagsahne
15 Gramm Kokosfett
30 Schoko - Mokkabohnen
1 gehäufter Teelöffel Espressopulver
5 Esslöffel Zuckerstreusel
Frischhaltefolie, Backpapier

Zubereitung:

Kuvertüren und Kokosfett klein hacken. Sahne im Topf erhitzen, Kuvertüren, Kokosfett, Espressopulver zugeben und schmelzen. Pralinenmasse in Rührschüssel füllen und auf der Oberfläche sofort mit Frischhaltefolie abdecken. Für 2 - 3 Stunden kalt stellen. Pralinenmasse mit Schneebesen des Handrührgeräts kurz aufschlagen. Danach kurz ruhen lassen. Mit den Händen 30 kleine Kugeln rollen und mittig jeweils 1 Schoko-Mokkabohne geben. Pralinen in Zuckerstreuseln wälzen, auf Backpapier setzen und 2 Stunden kalt stellen. Kühl aufbewahren.

„Kaffee dehydriert den Körper nicht. Ich wäre sonst schon Staub."

(Franz Kafka)

Weihnachtswaffeln

Zutaten für etwa 10 Waffeln:

1 Orange
150 Gramm Butter
2 Esslöffel Honig
4 Eier
200 Gramm Naturjoghurt
400 Gramm Mehl
1 Päckchen Backpulver
Salz, Zimt, Kardamom
50 Gramm Rosinen
50 Gramm gehackte Haselnüsse
0,25 Liter Apfelsaft

Zubereitung:

Orange waschen, abtrocknen und die Schale abreiben. Die Butter mit dem Honig schaumig schlagen. Die Eier trennen und die Eigelbe mit dem Joghurt und Orangenschalenabrieb unter die Butter rühren. Aus den Eiweißen Eischnee schlagen. Joghurt unter die Eier-Butter-Mischung rühren. Mehl mit Backpulver, je 1 Prise Salz, Zimt und gemahlenen Kardamom und den gehackten Haselnüssen mischen. Mehl unter die Joghurt-Butter-Mischung rühren, dabei den Apfelsaft ebenfalls mit unterrühren. Die Rosinen untermischen und zuletzt den Eischnee unterheben. Das Waffeleisen etwas einfetten und darin die Waffeln portionsweise auf Stufe 4 ausbacken.

Stutenkerle

Zutaten für 4 Stutenkerle:

250 Gramm Quark
80 Milliliter Milch
2 Esslöffel Öl
200 Gramm Zucker
2 Vanilleschoten
1 Prise Salz
475 Gramm Mehl
1 1/2 Päckchen Backpulver
1 Teelöffel Kardamom
1 Teelöffel Zimt
Rosinen zum Verzieren

Zubereitung:

Quark, Milch, Öl, Zucker, das Mark der Vanilleschoten und eine Prise Salz miteinander verrühren. Mehl mit Backpulver mischen und hinzufügen. Je nach Geschmack Kardamom und Zimt einrühren. Alle Zutaten mit dem Knethaken des Handrührgeräts zu einem glatten Teig verkneten. Den Teig zu einer Kugel formen, in Folie wickeln und zirka 1 Stunde im Kühlschrank ruhen lassen. Den Teig 0,5 Zentimeter dünn ausrollen und mit Hilfe der Schablone Stutenkerle ausschneiden. Für Augen, Mund und Knopfleisten die Rosinen leicht in den Teig drücken. Stutenkerle auf ein mit Backpapier ausgelegtes Blech setzen und im Backofen bei 200 Grad etwa 15 Minuten backen.

Apfelbrot

Zutaten für 1 Kastenbrot:

5 Äpfel
50 Gramm brauner Zucker
150 Gramm Rosinen
150 Gramm gehackte Haselnüsse
250 Gramm Mehl
1 Esslöffel Kakao
1 Esslöffel Rum
1 Teelöffel Zimt
etwas Vanille

Zubereitung:

Äpfel schälen, entkernen, klein schneiden oder grob raspeln und mit dem Zucker in einer Schüssel verrühren. Die Masse zehn bis zwölf Stunden stehen lassen, bis alles schön braun ist und Saft gezogen hat. Mehl in eine Schüssel sieben und die restlichen Zutaten zugeben und verrühren. Sollte der Teig zu fest sein, etwas Apfelsaft zugeben. Den Teig in eine gefettete Kastenform (30 Zentimeter) füllen und im Backofen bei 200 Grad für etwa eine Stunde backen. Apfelbrot ein bis zwei Tage ruhen lassen, dann mit Puderzucker bestäuben.

Bratapfel Konfekt im Glas zum verschenken

Zutaten für ein 1 Liter Glas:

Schichtreihenfolge:

150 Gramm Puderzucker
50 Gramm getrocknete Äpfel
50 Gramm Rosinen
50 Gramm gehackte Mandeln
200 Gramm Marzipan, zerbröselt

Zubereitung:

Backmischung mit einem Schnapsglas Amaretto mischen und daraus kleine Konfekt-Kugeln formen. In Pralinenförmchen geben und im Kühlschrank aufbewahren.

Beide Vorlagen kopieren und ausschneiden. Runde Vorlage auf den Deckel kleben. Zettel für die Zubereitung aufrollen und mit einer Schleife an das Glas binden.

Weihnachtsmann Erdbeeren

Zutaten für 4 Portionen:

500 Gramm Erdbeeren
1 Becher Sahne
1 Tüte Sahnesteif
1 Tüte Vanillezucker
Krokant

Zubereitung:

Die Sahne mit dem Sahnesteif und dem Vanillezucker steif schlagen. Die Erdbeeren halbieren, mit einem Spritzbeutel etwas Sahne drauf geben und die andere Hälfte Erdbeere als Mütze drauf setzen. Aus geschmolzener Schokolade Mund und Augen malen. Einen Klecks Sahne auf die Erdbeerspitze geben. Fertig sind die bezaubernden Weihnachtsmänner.

„Noch einmal ein Weihnachtsfest,
Immer kleiner wird der Rest,
Aber nehm' ich so die Summe,
Alles Grade, alles Krumme,
Alles Falsche, alles Rechte,
Alles Gute, alles Schlechte –
Rechnet sich aus allem Braus
Doch ein richtig Leben raus.
Und dies können ist das Beste
Wohl bei diesem Weihnachtsfeste."

(Theodor Fontane)

Jahresrezept von Goethes Mutter

Man nehme 12 Monate,
putze sie ganz sauber von Bitterkeit,
Geiz, Pedanterie und Angst
und zerlege jeden Monat in 30 oder 31 Teile,
so dass der Vorrat genau für ein Jahr reicht.

Es wird jeder Tag einzeln angerichtet
aus 1 Teil Arbeit und 2 Teilen Frohsinn und
Humor.

Man füge 3 gehäufte Esslöffel Optimismus
hinzu,
1 Teelöffel Toleranz, 1 Körnchen Ironie
und 1 Prise Takt.

Dann wird die Masse sehr reichlich mit Liebe
übergossen.
Das fertige Gericht schmücke man
mit Sträußchen kleiner Aufmerksamkeiten
und serviere es täglich mit Heiterkeit
und mit einer guten, erquickenden Tasse Tee.

(Catharina Elisabeth Goethe)

Stern - Geschenkanhänger

Für:

„Man muss noch Chaos in sich haben, um einen tanzenden Stern gebären zu können."

(Friedrich Nietzsche)

Zimt - Trüffel

Zutaten für 35 Stück:

200 Gramm Schokolade, Vollmilch
100 Gramm Schokolade, Zartbitter
100 Gramm Sahne
50 Gramm Butter
100 Gramm Kakaopulver
1 Teelöffel Zimt
Variante: Zimt durch Chili, Vanille, Lebkuchengewürz oder Kardamom ersetzen

Zubereitung:

Vollmilchschokolade und die Zartbitterschokolade klein hacken. Sahne und den Zimt zum Kochen bringen und kurz kochen lassen. Den Topf von der Herdplatte nehmen. Die gehackte Schokolade zur Sahne geben und die Mischung glatt rühren. Die Masse über Nacht ruhen lassen. Die Masse erneut mit dem Handrührgerät kräftig aufschlagen und die Butter unterrühren. Masse in einen Spritzbeutels füllen und auf ein mit Backpapier ausgelegtes Backblech 35 Tupfen spritzen. Die Tupfen etwa 1 Stunde trocknen lassen. Kakaopulver in einen tiefen Teller geben. Die Trüffel zu Kugeln rollen und im Kakao wälzen. Trüffel kühl aufbewahren.

Nusstaler

Zutaten für 40 Stück:

375 Gramm Mehl
125 Gramm Speisestärke
1 Päckchen Backpulver
250 Gramm Zucker
1 Päckchen Vanillezucker
2 Eier
250 Gramm gehackte Haselnüsse
5 Tropfen Bittermandelaroma
250 Gramm Butter
Hagelzucker

Zubereitung:

Alle Zutaten bis auf den Hagelzucker verkneten und zu einer Rolle von 3 Zentimeter Durchmesser formen. Rolle rundherum in Hagelzucker wälzen und 1 Stunde in den Kühlschrank stellen. Backofen auf 200 Grad vorheizen. Backblech einfetten. Rolle mit einem scharfen Messer in Taler aufschneiden und auf das Backblech legen. Im vorgeheizten Ofen 15 Minuten backen, bis sie etwas golden gefärbt aber nicht braun sind.

„Man muss die Zeit nehmen, wie sie kommt, sagte jener und ging um Weihnachten in die Haselnüsse."

(Sprichwort)

Advents - Tiramisu

Zutaten für 4 Portionen:

1 Becher Sahne
250 Gramm Mascarpone
250 Gramm Magerquark
100 Gramm Zucker
1 Päckchen Vanillezucker
200 Gramm Spekulatius
400 Gramm Tiefkühl-Beerenmischung

Zubereitung:

Sahne mit einem Handrührgerät steif schlagen. Mascarpone, Magerquark, Zucker und Vanillezucker mit einem Schneebesen in einer Rührschüssel verrühren und die Sahne unter die Quarkmasse heben. 3 Esslöffel der Creme in einer eckigen Auflaufform verteilen und eine Schicht Spekulatius darüber legen. Anschließend die Beerenmischung gleichmäßig darüber verteilen, die restliche Creme darauf streichen und mit Spekulatius bedecken. Das Tiramisu mindestens 4 Stunden oder über Nacht kühl stellen. Mit einer Schablone Sterne aus Kakao aufstäuben.

Der Wunschladen

Ein junger Mann betrat im Traum einen Laden. Hinter der Theke stand ein Engel. Hastig fragte er ihn: „Was verkaufen Sie, mein Herr?" Der Engel antwortete freundlich: „Alles, was Sie wollen". Der junge Mann begann aufzuzählen: „Dann hätte ich gerne das Ende aller Kriege in der Welt, Brot für die Hungrigen, Heilung für die Kranken, Trost für die Kranken, Trost für die Trauernden, Arbeit für die Arbeitslosen, mehr Liebe in der Welt. Und...und..." Da fiel ihm der Engel ins Wort: „Entschuldigen Sie, junger Mann. Sie haben mich falsch verstanden. Wir verkaufen keine Früchte, sondern Samen!"

Fazit:

Auch das Wünschen will gelernt sein, alles auf einmal zu wünschen ist nicht hilfreich und: kaufen können wir die Erfüllung dieser Art von Wünschen nicht, wir müssen dafür etwas tun!

„Gib Deinem Wunsche Maß und Grenze, und dir entgegen kommt das Ziel."

(Theodor Fontane)

Der Wunschbaum

Wunschbäume haben ihren Ursprung in fernöstlichen Ländern, werden aber auch bei uns immer beliebter.

Lebkuchenhaus

Zutaten für 1 Haus:

400 Gramm Honig
150 Gramm Margarine
200 Gramm Zucker
2 Eier
1 Päckchen Lebkuchengewürz
1 Prise Salz
800 Gramm Mehl
4 Teelöffel Backpulver
20 Gramm Kakao
1 Eiweiß
100 Gramm Puderzucker
Mehl zum Verarbeiten

Zubereitung:

Honig, Margarine und Zucker in einem Topf unter Rühren zerlassen, bis der Zucker gelöst ist. Abkühlen lassen. Eier und Gewürze unter die Honigmasse rühren. Mehl, Backpulver, Kakao mischen, sieben, 2/3 davon nach und nach zufügen, den Rest auf der Arbeitsfläche mit der Hand unterkneten. Den glatten Teig etwa 1 Stunde ruhen lassen. Den Teig auf einer bemehlten Arbeitsfläche knapp 1 Zentimeter dick ausrollen. Zwei Dreiecke (19 x 23 Zentimeter) und zwei Dachplatten (16 x 23 Zentimeter) ausschneiden. Eine Dachfirstrolle (2 Zentimeter Durchmesser und 16 Zentimeter lang) rollen. Die Teile auf ein Backblech mit Backpapier legen. Fenster und Türen ausschneiden. Aus dem restlichen Teig Sterne ausstechen. Im Backofen bei 175 Grad für 15 Minuten backen. Die Teile müssen gut abkühlen. Am besten eine Nacht liegen lassen und erst am nächsten Tag weiter verarbeiten. Eiweiß schaumig schlagen und nach und nach gesiebten Puderzucker zugeben, bis eine zähflüssige Masse entsteht. Das Häuschen mit dem Guss zusammenkleben und mindestens 2 Stunden trocknen lassen. Nach Belieben verzieren.

„Je fetter Dachs und Vögel sind,
desto kälter kommt das Christuskind."

(Bauernweisheit)

Gutschein

für
1 x Schnee

an Weihnachten

Anleitung:

Gutschein ausdrucken, sorgfältig
entlang der Linie ausschneiden. Gutschein
in kleine Schnipsel zerreißen und
in die Luft werfen.

Zuckerwürfel - Modellbausatz

Vorlage für 2 Tütchen:

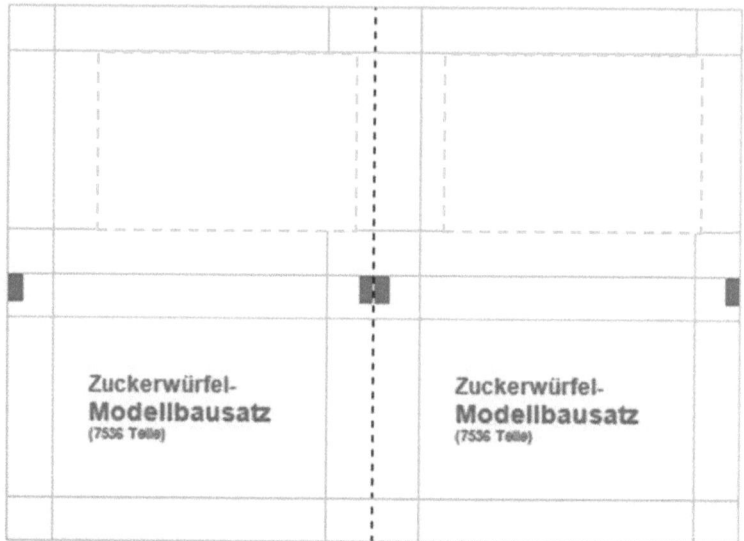

Anleitung:

Vorlage kopieren, ausdrucken und an der gestrichelten Linie mit einer Schere teilen. Vorlage drehen, damit die Schrift unten liegt. Beidseitiges Klebeband an den äußeren Kanten anbringen und etwa ¼ Teelöffel Zucker mittig auf die Vorlage streuen. Klebeschutz abziehen und zu Tütchen zusammen kleben. Fertig ist der Bausatz!

„Langeweile ist der höchste Geisteszustand, den man erreichen kann."

(Albert Einstein)

Dosenkuchen

Zutaten für 2 Dosen mit 0,4 Liter:

Butter für die Dosen
Semmelbrösel für die Dosen
200 Gramm Zartbitterschokolade
125 Gramm Butter
100 Milliliter Sahne
4 Eier
125 Gramm Zucker
125 Gramm Mehl
1 Teelöffel Backpulver

Zubereitung:

Dosen säubern, ausfetten und ausbröseln. Die Schokolade hacken, die Butter in Stücke schneiden und beides miteinander bei schwacher Hitze in der Sahne schmelzen. Beiseite stellen und abkühlen lassen. Die Eier mit dem Zucker sehr gut schaumig schlagen. Die Schoko-Buttermischung unterziehen. Das Mehl mit dem Backpulver mischen, sieben und unterheben. Die Mischung in die vorbereiteten Dosen füllen. Kuchen etwa 50 Minuten bei 180 Grad im Backofen backen.

Mit Liebe gemacht
☆☆☆☆☆
Dosenkuchen

Die Geburt von Jesus Christus

Lukas-Evangelium Kapitel 2, Verse 1-20

"Es begab sich aber zu der Zeit, dass ein Gebot von dem Kaiser Augustus ausging, dass alle Welt geschätzt würde. Und diese Schätzung war die allererste und geschah zur Zeit, da Quirinius Statthalter in Syrien war. Und jedermann ging, dass er sich schätzen ließe, ein jeder in seine Stadt. Da machte sich auf auch Josef aus Galiläa, aus der Stadt Nazareth, in das jüdische Land zur Stadt Davids, die da heißt Bethlehem, weil er aus dem Hause und Geschlechte Davids war, damit er sich schätzen ließe mit Maria, seinem vertrauten Weibe; die war schwanger. Und als sie dort waren, kam die Zeit, dass sie gebären sollte. Und sie gebar ihren ersten Sohn und wickelte ihn in Windeln und legte ihn in eine Krippe; denn sie hatten sonst keinen Raum in der Herberge. Und es waren Hirten in derselben Gegend auf dem Felde bei den Hürden, die hüteten des Nachts ihre Herde. Und der Engel des Herrn trat zu ihnen, und die Klarheit des Herrn leuchtete um sie; und sie fürchteten sich sehr. Und der Engel sprach zu ihnen: Fürchtet euch nicht! Siehe, ich verkündige euch große Freude, die allem Volk widerfahren wird; denn euch ist heute der Heiland geboren, welcher ist Christus, der Herr, in der Stadt Davids. Und das habt zum Zeichen: Ihr werdet finden das Kind in Windeln gewickelt und in einer Krippe liegen. Und alsbald war da bei dem Engel die Menge der himmlischen Heerscharen, die lobten Gott und sprachen: Ehre sei Gott in der Höhe und Friede auf Erden bei den Menschen seines Wohlgefallens. Und als die Engel von ihnen gen

Himmel fuhren, sprachen die Hirten untereinander: Lasst uns nun gehen nach Bethlehem und die Geschichte sehen, die da geschehen ist, die uns der Herr kundgetan hat. Und sie kamen eilend und fanden beide, Maria und Josef, dazu das Kind in der Krippe liegen. Als sie es aber gesehen hatten, breiteten sie das Wort aus, das zu ihnen von diesem Kinde gesagt war. Und alle, vor die es kam, wunderten sich über das, was ihnen die Hirten gesagt hatten. Maria aber behielt alle diese Worte und bewegte sie in ihrem Herzen. Und die Hirten kehrten wieder um, priesen und lobten Gott für alles, was sie gehört und gesehen hatten, wie denn zu ihnen gesagt war."

Auf dem Zionsberg in Jerusalem, wenig Schritte vom Grab Davids entfernt, hinter der Dormitio-Kirche, steht eine Statue von König David. Sie erinnert an den zweiten König Israels, der um 1000 v.Chr. regierte und über Juda und Israel herrschte.

König David Statue in Jerusalem im September 2015

3 Gänge Weihnachtsmenü „Schwerelos"

Zutaten für 4 Portionen:

Vorspeise:

Feldsalat mit Cranberrys

0,1 Liter Apfelsaft
2 Esslöffel Cranberrys
2 Esslöffel gehackte Walnüsse
1 große gelbe Paprikaschote
100 Gramm geputzter Feldsalat
1 Esslöffel Walnussöl
1 Esslöffel weißer Balsamico-Essig
1/2 Teelöffel Dijon-Senf
Salz/ Pfeffer
1/2 Teelöffel roter Pfeffer

Zubereitung:

Apfelsaft mit den Cranberrys aufkochen, vom Herd nehmen und zugedeckt garziehen oder quellen lassen. Nüsse ohne Fett in einer beschichteten Pfanne kurz rösten, abkühlen lassen. Paprika halbieren, entkernen, von den weißen Innenhäuten befreien, klein würfeln. Feldsalat waschen, trocken schwenken. Für das Dressing Saft von den Cranberrys abgießen, mit Essig, Senf und Öl verrühren. Mit Salz und Pfeffer abschmecken. Feldsalat mit Paprika und Cranberrys auf Teller verteilen. Mit dem Dressing beträufeln. Mit Nüssen und rotem Pfeffer bestreuen.

Hauptgericht:

Kalbsfilet mit Glühweinsoße, Steinpilz-Bandnudeln

200 Gramm Bandnudeln
Salz/ Pfeffer
50 Gramm getrocknete Steinpilze
1 Teelöffel Butter
1 kleine Zwiebel
gehackte Petersilie
600 Gramm Kalbsfilet (von Fett und Sehnen befreit)
1 Orange
1 Esslöffel Öl
Salz/ Pfeffer
Piment
0,2 Liter Kalbsfond (Glas)
50 Gramm Knollensellerie
1 kleine Zwiebel
1 Teelöffel Speisestärke
2 Esslöffel saure Sahne
1 Schnapsglas Glühwein (optional)
Petersilie
außerdem: Alufolie

Zubereitung:

Für das Filet Sellerie und Zwiebel fein hacken, in eine flache ofenfeste Form geben. Den Fond angießen. Das Filet in Öl rundum kurz anbraten, in die Form setzen und mit Salz, Pfeffer und Piment würzen. Im vorgeheizten Backofen bei 190 Grad etwa 20 Minuten garen. Inzwischen die Steinpilze in 0,4 Liter Wasser 20 Minuten einweichen, abgießen, ausdrücken und grob hacken.

Nudeln nach Packungsanweisung bissfest kochen und abtropfen lassen. Orange auspressen und die Schale abreiben. Für die Pilz-Nudeln in einer beschichteten Pfanne Zwiebel in der Butter andünsten, Pilze mitbraten und mit Salz und Pfeffer würzen. Abgetropfte Nudeln und etwas gehackte Petersilie unterheben und abschmecken. Kalbsfilet aus dem Bratfond heben, in Alufolie wickeln und im Backofen bei 50 Grad kurz warm halten. Für die Sauce den Bratfond durch ein Sieb in einen Topf gießen. Stärke mit wenig kaltem Wasser anrühren und in den Bratfond geben. Orangensaft, Orangenschale und Glühwein (optional) kräftig unterrühren, alles kurz aufkochen, von der Platte ziehen, mit saurer Sahne und Gewürzen abschmecken. Kalbsfilet in Scheiben schneiden und mit den Steinpilz - Bandnudeln und der Glühweinsauce anrichten. Mit Petersilie garnieren.

Dessert:

Beerensorbet

600 Gramm gemischte Tiefkühl-Beeren
1 Teelöffel Vanillemark
Saft und abgeriebene Schale einer 1/2 Zitrone
100 Gramm Puderzucker
4 Physalis
Früchte zum Garnieren

Zubereitung:

Beeren auftauen lassen, eine Handvoll zum Garnieren bei Seite legen. Restliche Beeren mit Vanillemark, Zitronensaft und Puderzucker im Mixer sehr fein pürieren. Das Fruchtmark eventuell durch ein Sieb streichen, damit die Kerne zurückbleiben. Abgekühltes Püree im Tiefkühlfach gefrieren lassen, dabei anfangs immer wieder durchrühren, damit sich keine großen Kristalle bilden. Vor dem Servieren herausnehmen. Einen Löffel in heißes Wasser tauchen und große Nocken oder Kugeln abstechen. Auf Dessertschälchen verteilen. Mit Beeren und Physalis garnieren.

Eine schlichte, dennoch hübsche Tischdekoration

Kartoffelsalat mit Bockwurst

Sicher kein kulinarischer Höhepunkt, dennoch ist es bei vielen deutschen Brauch: Heiligabend gibt es Kartoffelsalat. Diese Tradition hat ihre Wurzeln im christlichen Glauben. Für Christen gehört die Adventszeit zur Fastenzeit. Sie pflegen die enthaltsame Lebensweise vor der Geburt Christi - da passt Kartoffelsalat gut. Er ist erschwinglich und als Gericht eher karg. Dazu wurde Karpfen gereicht, da auch das Essen von Fleisch in der Fastenzeit untersagt war, die erst am 24. Dezember endet. Heute gibt es bei vielen Familien Bockwurst oder Wiener Würstchen dazu.

Kartoffelsalat mit Bockwurst

Zutaten für 4 Personen:

1000 Gramm Kartoffeln, festkochend
250 Gramm Salatmayonnaise
6 Gewürzgurken
2 Esslöffel Milch
2 Esslöffel Gurkenwasser
1 Teelöffel Senf
4 Eier
2 Zwiebeln
Petersilie, gehackte
Salz/ Pfeffer
8 Bockwürste

Zubereitung:

Kartoffeln als Pellkartoffeln in kaltem Salzwasser aufsetzen, aufkochen und dann bei kleiner Hitze 20 Minuten köcheln lassen. Abschrecken, pellen und dann gut auskühlen lassen. Mayonnaise, Milch, Gurkenwasser, Senf und Petersilie verrühren und mit Salz und Pfeffer würzen. Kartoffeln und gepellte Eier in Scheiben schneiden. Zwiebeln abziehen und würfeln. Gewürzgurken ebenfalls würfeln. Alle Zutaten, bis auf die Eier, mit der Mayonnaise mischen und gut durchziehen lassen. Auf Teller oder im Glas anrichten. Mit den in Scheiben geschnittenen Eiern und den Gurkenscheiben garnieren. Auf dem Foto mit getrocknetem Schnittlauch garniert. Dazu Bockwurst mit Senf servieren.

Kartoffelsalat im Glas angerichtet wirkt besonders edel

Schnelle Weihnachtsdekoration. Sand und Kerze in ein Weckglas füllen, mit Topfreiniger umhüllen und mit Schleifenband verzieren

Advent

Es treibt der Wind im Winterwalde
die Flockenherde wie ein Hirt
und manche Tanne ahnt wie balde
sie fromm und lichterheilig wird.
Und lauscht hinaus: den weißen Wegen
streckt sie die Zweige hin - bereit
und wehrt dem Wind und wächst entgegen
der einen Nacht der Herrlichkeit.

(Rainer Maria Rilke)

Im Vatikan in Rom wird der Weihnachtsbaum aufgestellt

Im Dezember 2014: Weihnachtskrippen findet man in
Rom an jeder Ecke

Ich
wünsche allen
Lesern
ein frohes Weihnachts-
fest, ein paar Tage
Gemütlichkeit mit viel Zeit
zum Ausruhen und Genießen,
zum Kräfte sammeln
für ein neues Jahr. Ein
Jahr ohne Seelenschmerzen und
ohne Kopfweh, ein Jahr ohne Sorgen,
mit so viel Erfolg, wie man braucht,
um zufrieden zu sein, und nur so viel
Stress, wie man verträgt, um gesund zu bleiben,
mit so wenig Ärger wie möglich und
so viel Freude wie nötig, um 365 Tage lang rundum
glücklich zu sein. Diesen Weihnachtsbaum der guten
Wünsche überreiche ich mit vielen herzlichen Grüßen
Birgit
Eckhoff

Weitere Bücher der Autorin:

Birgit Eckhoff

Frau Eckhoff kocht:
Kulinarisches aus aller Welt

Herstellung und Verlag: Books on Demand,
Norderstedt

www.bod.de

ISBN: 978-3-7386-3438-9